无论何时

无论在哪里

请都记得回家

回家

福

1954 春运 CHUN YUN 2024

无论家有多远

这一生，我们都走在回家的路上

家国故事

百姓记忆

春运

杨登峰 主编

春运

1954-2024

中华书局

图书在版编目(CIP)数据

春运:1954—2024/杨登峰主编. —北京:中华书局,2025.2. —
ISBN 978-7-101-16998-0

Ⅰ.F532.3-64

中国国家版本馆 CIP 数据核字第 20244X1F95 号

书　　名	春运(1954-2024)
主　　编	杨登峰
策划编辑	李　猛
责任编辑	欧阳红
装帧设计	王铭基
责任印制	管　斌
出版发行	中华书局
	(北京市丰台区太平桥西里 38 号　100073)
	http://www.zhbc.com.cn
	E-mail:zhbc@zhbc.com.cn
印　　刷	天津裕同印刷有限公司
版　　次	2025 年 2 月第 1 版
	2025 年 2 月第 1 次印刷
规　　格	开本/710×1000 毫米　1/16
	印张 29½　字数 350 千字
印　　数	1-10000 册
国际书号	ISBN 978-7-101-16998-0
定　　价	128.00 元

目 录

春 运 1954—2024

序

每到岁末年初，关于春节怎么过，上哪里过，什么时候动身起程，就成为无论城乡，不论老少，都在热议的话题。正是这样的话题，最早最多地促成春节即将来临的氛围。

鲁迅在小说《祝福》的开头写道，"旧历的年底毕竟最像年底"，那是根据天空中爆竹声响的烟火气来说的。换到今天，这"年底"的气氛烘托，肯定不是爆竹，而是春运。

也差不多就是新年将近的时候，朋友送来一册图文并茂的书稿：《春运（1954—2024）》，这书名立刻打动了我，太有价值了，特别有意义。以春运为视角，回望过去70年中国人过春节的节奏、方式，出行的频率、人次，出行的时间、目的地，具有多方面的价值。这是一部非常值得去记录、整理、关注的历史，是当代中国社会发展变迁的一个生动侧面。这样的书令人期待。朋友嘱我为之作序，我虽自知不能胜任其职，但也很愿意为这样的选题点赞。

春运是改革开放以后逐渐形成的盛况，从中应运而生的词汇。回看更长远的历史，春运也许不成规模，也许不用春运这个概念，但规模不等地，同样存在相似的情形，将其以一部完整的历史来看待，从而勾勒出一幅中国人春节回家与出行并行交错的图景，很引人兴趣。这样的工作又由新闻记者以文学的、艺术的形式去呈现，就更加让人期待了。

长久以来，新闻和文学工作者们一直都站在时代列车驶过的月台，努力去捕捉、感受并记录着这个时代和人们生活的点点滴滴。在呼啸而过的岁月中，春运带着鲜明生动的中国特色和丰富深刻的情感内涵而来，承载了我们许多难忘的记忆，尤为触动人心。

春节，对中国人而言，是一年中最重要的节日，它不仅是家人欢聚的时刻，也是传承家族文化、弘扬传统美德的契机。春运，则是连接家乡与亲人、传递文化与情感的纽带。它让人们得以返乡，与亲人共度佳节，感受家的温暖与力量。这种情感的维系和文化的传承，是中华民族生生不息、持续发展的内在动力。

家是心灵的归宿，是一年中最为期盼的所在。在交通尚不发达的年代，为了回家过年，人们不得不忍受拥挤、寒冷与疲惫。上世纪八九十年代，春运期间的火车站，人潮如织，为了购得一张回家的车票，有人甚至需在车站排队数日。

随着改革开放的推进和经济的发展，春运逐渐呈现新貌。铁路、公路、民航等交通方式日益完善，人们的出行条件显著改善。从绿皮车到动车高铁，从长途汽车到飞机，春运方式多样化，出行选择更加丰富。特别是高铁的快速发展，让春运更为便捷，人们能在短时间内抵达家乡，实现与家人团聚。

今天的中国人，在一个全面开放、高度发达的现代社会里过着传统节日，我们心中的两个春节也时有纠缠和冲突。春节是回家和亲人团聚的日子，现如今也成了外出旅游的时机。临近年根儿，火车票、飞机票一票难求，旅游景点、大小庙会人潮汹涌。能赶上这场热闹的既有喜悦也有烦恼，没赶在路上的既有惆怅也有欣慰。大家各得其所却又互相羡慕。既有趣又矛盾，过节的方式可谓千姿百态。

站在历史的角度回望，这七十年春运的变迁，令人感慨万千。从1954年"春运"一词首次出现在媒体，到2024年春运期间全国铁路发送旅客逾4.84亿人次，这些数字背后，是中国经济的飞速发展和人民生活水平的显著提升。这七十年，春运见证了中国从贫穷落后走向繁荣富强的伟大历程。

春运的变迁，不仅是中国经济发展的缩影，更是中国人民精神风貌和情感世界的真实反映。它展现了中国人民的坚韧与毅力，也体现了中国人民的期盼与梦想，更彰显了中国人民的团结与友爱。

在《春运（1954-2024）》图文册中，一幅幅画面令人震撼。从早期太原站运转车女车长的工作场景，到近年来全国铁路的繁忙景象；从吉林市蛟河火车站的拥挤人群，到海口市秀英港码头的车辆滞留；从春运期间执勤战士维护秩序的画面，到军队医疗队员乘坐高铁专列驰援武汉的瞬间……这些画面记录了春运的变迁，也展现了中国人民在春运中的精神面貌和情感世界。

在这些画面中，我们看到了人们的期盼与焦虑、疲惫与坚韧、泪水与笑容。他们或背着沉重的行李，或抱着年幼的孩子，或与亲人挥手告别，或与久别的亲人紧紧相拥。这些画面让我们深刻感受到春运的不易，也让我们更加珍惜与家人团聚的时光。

同时，我们也看到了铁路职工的默默奉献。他们舍小家为大家，用汗水和智慧确保春运的顺利进行。无论严寒酷暑，他们都坚守岗位，为旅客提供优质服务。他们的行动诠释了责任与担当的精神，也让我们更加理解"人民铁路为人民"的深刻内涵。

春运期间，新闻记者也担当着重要的角色。他们穿梭于车站、机场、公路等交通枢纽，用镜头捕捉归家人的急切与喜悦，用笔触记录春运的繁忙与温情。面对人流如织、情况复杂的春运现场，他们坚守岗位，传递最新资讯，报道感人故事，揭示问题与挑战。新闻记者的担当，让春运不仅是一场迁徙的盛宴，更是一次展现社会温情与进步的契机。

总之，《春运（1954-2024）》不仅是一部记录春运变迁的历史文献，更是一部展现中国人民精神风貌和情感世界的艺术珍品。它让我们在回顾历史的同时，更加坚定地迈向未来。我相信，未来的春运将继续承载着中国人民的期盼与梦想，成为连接家乡与亲人、传递文化与情感的桥梁。

愿每一个人都能在春运时期顺利出行，尽情享受新春佳节的欢乐祥和。

是为序。

周晶明

中国作家协会副主席

全国政协文化文史和学习委员会副主任

2024 年 12 月 18 日

1950-1979
春芽萌动

根据中国铁路总公司提供的历史档案，1954 年，原铁道部成立春节旅客输送办公室，明确春运时间为春节前后一个月，有关方面也确定"以铁道部统一指挥协调，必要时请党中央、国务院要求各省市自治区及解放军协助"的原则。

这一年的 1 月 26 日，《人民日报》刊登了《做好春节期间铁路客运工作》短评，说春节是"一个客运高潮"，并第一次说这已"成为当前铁路运输工作中一个重要任务"，这是"春运"二字第一次出现在媒体上，春运概念顺势而生。

1954 年的春运期限为 1 月 21 日至 2 月 20 日，时间长达一个月，当年铁路春运累计发送旅客 2300 万人次而 2024 年的春运是从 1 月 26 日到 3 月 5 日，在为期 40 天的时间里，全国仅铁路累计发送旅客 4.84 亿人次，整个 2024 年春运 40 天全社会跨区域人员流动量超 84 亿人次。

● **1953年1月**

　　这张照片可见新中国成立后早期春节运输情形。图为山西太原站列车出站前，太原站的运转车女车长李宝林（左二）查看车站情形。只是那个时候"春运"概念尚未成型。

◎ 赵本甲／摄

第一章

● **1953 年 1 月 19 日**

农历腊月初五，太原北站车辆段车电工李秀兰每天细心检查
列车电路。在上一年年内她完成了 8 万公里的安全行车，未出任
何责任事故。

◉ 赵本甲／摄

太原北车辆段的女子检车班

一年前，我的同事、太原北车辆段工会女干事李金花办理退休手续时，特意将她保存的女子检车班姐妹们的几幅工作照赠予我，留给我存档。这是女子检车班姐妹们艰苦与乐观的印记，也是铁路货车作业场检车员岗位上朵朵"金花"的"图说"故事。

太原北车辆段地处太原市尖草坪区，紧邻太原铁路北站货车编组作业场，担负着铁路货车定期检修和运用检修任务。上世纪70年代末至80年代初，有6年的时间，每年都有一拨从太原铁路机械学校车辆专业技校班毕业的女生，分配到太原北车辆段太北一场列检所担任检车员。

1983年上半年，列检所的女性检车员已达百余人，另有不足她们半数的男检车员及从事其他管理工作的男性。因此，这个列检所被称为"女子列检所"。

1983年下半年，太原铁路机械学校停办车辆专业技校班，续招并扩大车

第一章

辆专业中专班，但该专业不招收女生。因此，她们成为新中国成立后太原唯一的女性检车员群体。

检车员的工作，就是对停留在铁路货车作业场内的铁路货车进行检查与维修。检车员被喻为"货车医生"。检车员手中拿着检点锤，就像戴着听诊器的医生给病患诊断疾病那般，按规定动作对每节货车这儿摸摸，那儿敲敲，兼用耳听、眼观、手触、鼻嗅、脑判之法，依序在车体旁、手闸踏板上、车底下，重复完成抬头、攀上、下蹲、探身、钻入等动作，用耳朵细听检点锤敲击的金属声，用眼睛在车体、车轮、转向架等近百个部件上认真搜寻，以判断列车有无故障，然后把发现的车辆故障登记在随身的"检车员手册"上。检查完之后，再依次根据需要更换相应的零部件。

那个年代，列检所的工作条件极为简陋，待检室、更衣室、办公室等是低矮的平房，木制的更衣柜不带门也没锁，上班时人人自带饭食，放到锅炉房蒸饭箱内蒸熟或加热，用于中餐或夜餐。检车员上线路作业时，携带检点锤、扳手、开销器，夜班还要带上检车灯。铁路有句行话，叫作"客车白天跑，货车夜里跑"，可理解为客车夜里跑得少，给货车夜里跑腾出了线路。

检车员上夜班时，常常是货车密集到达，忙得连进屋喝口水的时间都没有，始终奔波在作业场线路上，还要兼顾听着线路上高音大喇叭里传来计划值班员的作业安排，不停地转道作业，有时还少不了紧跑几步。每次作业时，对每节货车都要重复弯腰、跨步、钻车、探深、钩拉等同一套检查动作。一旦判定故障，检查发现者很有成就感。检车员面对一节节货车的上百个配件必须检查到位，一个班下来每人连走带小跑有十几公里，弯腰跨步钻车2000多次。

那个年代的冬季，夜晚呵气成冰，时有西北风刮得脸生疼。当时因材质不良、技术不过关等原因，货车制动机作用不良、制动梁折裂等故障频发，检车员在处理时常常是衣内一身汗，身外挂着霜。

有个检车员，因为身形较胖，加上冬天上夜班穿得厚实，每遇到更换折裂的制动梁就发愁。制动梁安装在车底下靠近车轮的里面，空间狭小，她那"熊猫"似的身子要么钻不进去，要么钻进去了又腾转不开身子，无法拆卸、移出制动梁。无奈时坐在冰冷的砂石线路上，放声"哇哇"大哭。在她附近检车的姐妹们听到哭声，知晓"熊猫"又遇到难事，抓紧干完自己手中的活儿后，赶过来帮助。见"援兵"来了，"熊猫"的哭声戛然而止，破涕为笑，甜甜地叫着"姐姐、姐姐"，忙着给钻进车底下的姐妹们递扳手，挪近待更换的新制动梁。更换近百斤重的制动梁也是个力气活儿，男人们干多了也消受不了，检车员姐妹们靠的是联劳协作，互帮互衬，从没有被男同事们小瞧过。

检车员的工作又苦又累，露天作业，风雨无阻，冰雪难挡，还要上夜班。重要的是，若稍有闪失，漏检了严重故障，运行中的货车就可能出问题，责任非同小可。超强的责任心，认真仔细、技术过硬，这是对检车员的职业要求，也是他们工作的真实写照。

后来，这些女检车员有的成为技术业务骨干，有的成为快速修比武尖子，有的选拔到干部管理岗位。比如，武志华，曾多次编织着当医生的梦，那是为了在乡下生活劳作又多病的母亲，她想尽一个长女的孝心。1982年临近高考，她演算了大量习题，班主任说她有希望考上"医学院"。高考出榜了，她找不到自己的名字。她离大专录取线差3分，但收到了太原铁路机械学校的录取通知书。她在这所中专学校学的是机械制造，可毕业后却偏偏分在车辆段。专业不对口，工作不顺手。但她不怕这些，又开始车辆专业的学习，不到半年就入了门，检修货车合格率达到百分之百。

女检车员们为运输繁忙的铁路站场增添了一抹耀眼的金色。

梁俊生

第一章

● 1954 年冬

　　为迎接农历新年的到来，横贯上海市的苏州河上，船工们正把由农村运来的粮食送到加工厂。

◉ 蔡壮田／摄

50 年代的苏州"春运"

（1954 年，农历甲午年）

中国铁路的春运始于上个世纪 50 年代。

1951 年，基本建设开始恢复，人民生活基本稳定，人员外出和返乡活动逐渐增加，交通运输能力开始紧张。当年，为了保证春节期间旅客旅途安全，一些铁路局成立了"春节还乡旅客服务委员会"，"春运"初见雏形。

1954 年，国家首次明确春运时间为春节前后一个月，铁道部成立春节旅客输送办公室，昼夜值班。春运的历史，正是从这一年的春天开始。

年年春运年年难。其实在 20 世纪 50 年代，春节运输问题就已引起政府关注。每年春节期间，人们返乡和外出活动增加，全国旅客数量持续上升，出现交通拥挤状况。当时长三角地区的铁路、公路、水路客流量都很大，春节期间旅客人数比平时要增加 30% ～ 50%。

1955 年 1 月 8 日，苏州市成立春节旅客运送委员会，承担起春节期间客运的调度指挥和安全保卫工作。

苏州市档案馆中有两份 1956 年江苏省交通厅公路运输管理局发给公私合营苏

第一章

嘉湖汽车运输公司的通知。从陈旧泛黄的档案中，我们可以看到对50年代春运零星片段的记载。

一份是2月2日签发的《为做好春节运输工作由》。

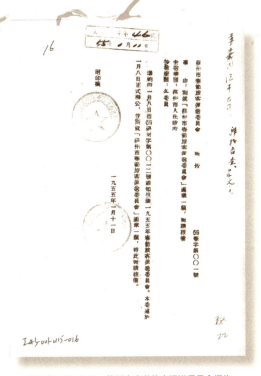

苏州市春节旅客运送委员会　物（份）

事由：到达「苏州市春节旅客运送委员会」通章一颗，请即核悉

主送机关：苏州市人民政府

抄送单位：各委员

一月八日正式办公，节即就「苏州市春节旅客运送委员会」通章一颗

摘约抄一月八日市的议甲字第○○二二号通知规第一九五五年春节旅客运送委员会，特此知悉核悉。本卷通办

一九五五年一月十一日

附印编

的卷子第○○一号

1955年1月11日，苏州市春节旅客运送委员会报告。

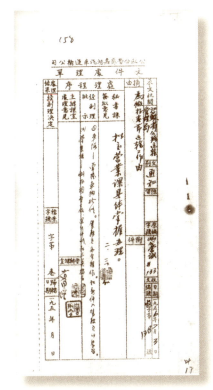

1956年2月2日江苏省交通厅公路运输管理局签发的公私合营苏嘉湖汽车运输公司《为做好春节运输工作由》。

发文中写道："1956年春节即将到来，返乡旅客势必增多，物资运输需保证春节供应需要，为做好春节运输工作特作如下通知。"当时的交通运输管理部门未雨绸缪，对繁重的春节运输工作提出三点要求。一是事先做好客货源流向流量的调查工作，编排好车辆运行计划，所有车辆事先都要严格检查，特别对客车必须保持百分之百的完好率。二是强调加强对全体职工的安全教育，要求车队驾驶员严格遵守驾驶操作规程及例保检视内容，对公私合营中并入的驾驶员，应安排短期的技术驾驶操作和汽车例行保养的学习，还要加强对旅客的照料动员，并组织人员协助各点维持秩序以确保安全。三是对春运期间车费进行规范，规定小客车如行驶在大客车的路线，其票价要按大客车费率计算。这个通知主要是针对公私合营后的车队管理提出的要求。

还有一份是2月4日签发的《为春节运输期间应加强保卫和安全工作由》。

针对淮阴汽车分公司遇到的一些突发情况，对上海、镇江、扬州、徐州分公司，锡澄、苏州、利通三合营分公司进行安全保卫工作的警示教育。由于1月间车站发生两起窃案，三河闸站工作人员到蒋　银行缴款，不料随身携带一个挂包中的票款八十余元全被扒手窃去，而宿迁站票房也被窃票款十余元。又据三河闸反映，在顺河站上车的一名五十余岁的妇女，走出车站四百公尺后猝死，事后多日仍不清楚其姓名住址。

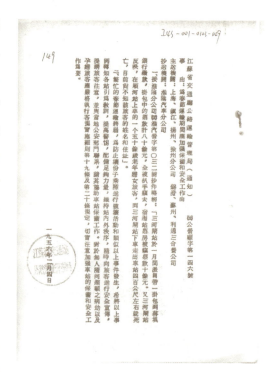

1956年2月4日签发的《为春节运输期间应加强保卫和安全工作由》。

1956 年正值对私改造，全国政治气氛颇为严肃。通知因而指出："繁忙的春节运输将届，为防止坏分子乘隙进行破坏活动和类似以上事件发生，希将以上事例转知各站引为教训，提高警惕，配备足够力量，维持站内外秩序，随时向旅客进行安全宣传，提请旅客注意，并与当地公安部门联系，请其协助车站保卫工作。对于无人随同照顾之病幼以及孕妇旅客应严格执行客规实施细则第十九条规定，切实加强车站的保卫和安全工作为要。"

这两个通知分别从交通工具管理和预防事故发生两方面对春节运输工作进行指导，目的是为了让春运工作更顺利地进行，虽然是在特定的时代背景下，但也强调了对旅客的照顾，体现了人文关怀精神，一些做法对今天的春运或许仍有借鉴意义。

俞菁

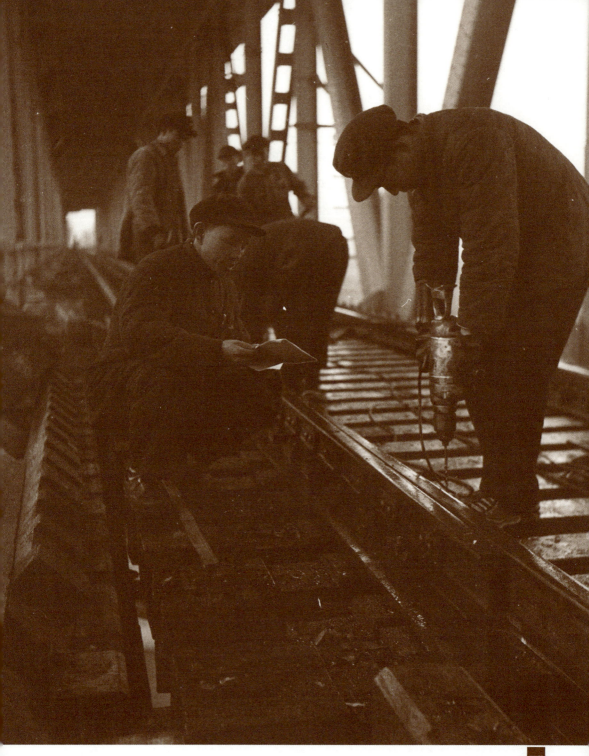

第一章

● **1957 年 12 月**

湖南衡阳，继武汉长江大桥之后，我国第二座铁路公路两用桥——衡阳湘江大桥于 1957 年 12 月 29 日正式通车，比原计划提前三天。图为学习苏联先进经验的工人师傅在桥的衔接处装上钢轨温度调节器。

◎ 杜治／摄

过去，由于交通不够便利，一些家在农村的旅客，习惯于带着自行车回乡过春节，这样，下火车后就可以骑上自行车直接回家了，比较方便。为了避免出现在到达站"人等自行车"的情况，当时很多旅客购妥车票后，会按车票上指定的乘车日期和车次，在出发前五天内把携带的自行车交北京站或西直门站托运。托运的自行车按每辆 25 公斤包裹收费，但是，距北京 50 公里以内（包括 50 公里）的车站，不办理自行车托运手续。而且，在办理托运时，旅客需要自备一枚用布条或木板制成的标签，填好后发到车站，以保证运输安全和准时运到。

（1962 年 1 月 22 日《北京日报》第 2 版，《春节旅客乘火车售票办法》）

● 1958 年

在"大跃进"声中，北京站铁路员工不甘落后，积极为乘客提供各种方便。"委托本站将行李及随身携带品送到家里去的旅客，请您在此办理送达手续。"并且还有广告语：手续简便、送达迅速。而"送达迅速"四个字都带"走车"，明显是经过设计的。

◉ 杜治／摄

● **1962 年**

　　春节刚过，北京运输公司玉泉路汽车站 318 号专车司机王亚原（左一）随车与保养员共同参加车辆保养。

◉ 吴洛夫／摄

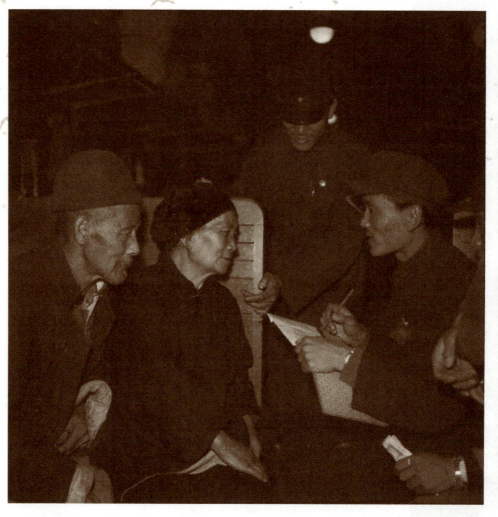

● 1962 年

　　由齐齐哈尔火车站开出的列车里，列车员在为老人办理快车票。

◉ 蔡壮田／摄

● 1963 年 1 月

　　武汉铁路局客运段，女车长骆琴明（图中）和乘务组的工作人员在研究工作，处理旅客的意见。

◎ 吴洛夫／摄

　　上世纪五六十年代，虽然春运阵容远远比不上现在强大，但当时硬件条件比较差，特别是在车辆少、旅客多的情况下，春节铁路运输任务相当艰巨。

● **1965 年**

　　广东广州，玉兰号轮船上，广州海运局服务员在帮助旅客拿东西送上船，从广州到海南岛的玉兰号船是当时的"五好"先进船。上世纪60年代初，全国各地进行社会主义劳动竞赛，竞赛内容为"政治思想好、完成任务好、学习技术好、班组管理好、互助协作好"，全国涌现出一大批先进，有力地促进了社会主义建设事业。

◉ 蔡壮田／摄

第一章

● 1965 年 2 月

正值农历蛇年春节，北京火车站的工作人员热心为旅客服务。

◉ 蔡壮田／摄

那些年，春节到来之前，铁路部门会先向全市机关、团体、学校进行调查，各单位如果有人需在春节期间搭乘火车离京，就将人数、到达车站、乘车日期等做出计划，然后在规定时间内送交北京铁路分局，北京铁路分局会根据收到的情况筹划车辆，开展有计划地运送。可即便如此，运送旅客还是不容易。

● **1965 年**

春节期间，北京站的工作人员坚守岗位，为旅客服务。

◉ 蔡壮田／摄

　　如果您当时乘一次火车，买票可要费一番功夫。您乘车要买客票，乘快车还要买加快票，一名旅客手举多张车票乘车的情况比比皆是，并且缺一不可。

　　由于各个票种分立，售票员的工作流程也是相当繁琐，旅客乘车更是多有不便。并且车站需要常备多达 49 种车票才能满足旅客购票需求，如果按票面到站细分，车票版式更是数不胜数，售票工作极为复杂。

● **1978 年**

　京（北京）包（包头）铁路包头西机务段一片繁忙景象。

◉ 原瑞伦／摄

第一章

在铁路的发展史上，吞云吐雾的蒸汽机车是我国百年铁路的起源，为我国的经济发展起到了大动脉的作用，特别是新中国成立后，火车头精神影响了一代又一代中国人。

1949年至1988年，各机车车辆工厂共计生产制造了各种类型蒸汽机车9814台，通过技术改进、优化设计，仿制生产了解放型、胜利型、人民型蒸汽机车。蒸汽机车的发展促进了交通运输和社会的发展。

● **1978 年**

　　春节前，长江客运服务工作也面貌一新。东方红十三号客轮餐务组是个先进班组，他们想方设法提高饭菜质量，做到美味可口，价廉物美，受到旅客称赞。图为老工人在培养青年一代，教他们刀法和配菜等技术。

● 吴启华／摄

● 1979 年

吉林省吉林市，春运期间的蛟河火车站，乘客排着长队等待上车。

● 邹毅／摄

　　《人民日报》1979 年元旦社论《把主要精力集中到生产建设上来》
开篇第一句："我们怀着十分兴奋的心情跨入一九七九年。"一个"跨"字，
雄赳赳，气昂昂，赋予迈上新征程的中国人一个勇毅刚健的姿势。中国
向着世界走去，春天向着中国走来。仿佛是回应千门万户的兴奋与期盼，
1 月还没有结束，1979 年的春节就早早到来了。1 月 28 日过年，按阴历
是羊年，因为闰六月，年头年尾各有一次立春，这是一个双春年。

第一章

　　1979 年 1 月 8 日，据铁路部门调查了解，1979 年春节期间全国铁路的旅客流量将有 1 亿多人次，每天的平均数将比平时增长 40% 左右。在农民工还没有跨省流动的年代，1979 年初涌向火车站的人群里，有放寒假的大学生，有探亲的干部、工人和还没有落实政策的知识分子，当然还有散落各地农村的知青。那年春节过后，知青返城迎来高峰。

毛泽东号火车

毛泽东号机车诞生于解放战争的炮火硝烟之中。1946 年，为了支援解放战争，缓解铁路运力不足的困难，哈尔滨机务段的工人们在中国共产党的领导下，开展了"死车复活"活动。1946 年 10 月，在哈尔滨机务段的肇东站，经过 27 个昼夜的奋战，工人们终于抢修出一台蒸汽机车。1946 年 10 月 30 日，经过当时的中共中央东北局批准同意，这台机车被命名为"毛泽东号"。1949 年 3 月，它随解放军南下，落户北京局丰台机务段。

截至 2023 年，毛泽东号先后跨越蒸汽、内燃、电力三个时代，历经 5 次机车换型、13 任司机长、184 名机车乘务员。服务于毛泽东号的机车组是铁路系统组建时间最长、安全成绩最好、完成任务量最大的一线班组。毛泽东号被誉为"机车领袖""火车头中的火车头"。

● 1950 年代

图为毛泽东号火车。

◉ 蔡壮田／摄

● **1958 年**

　　毛泽东号包乘小组保持十年安全生产。图为该组在研究当天任务。

 蔡壮田／摄

● 1960 年 11 月

　　以多拉快跑、安全低耗闻名全国的机车旗帜，在全国群英大会后又表现出出色成绩。图为机车工人在听毛泽东号司机长蔡连兴介绍先进经验。

● 吴启华／摄

● 1960 年 11 月

著名全国机车旗帜——毛泽东号机车组全体同志合影。

◉ 吴启华／摄

● **1961 年**

毛泽东号机车包乘组全体组员。

◉ 蔡壮田／摄

● 1961 年 3 月

　　毛泽东号机车架修机务段的师傅们和司机长蔡连兴一起研究
扩大驾驶室的使用面积。

◉ 杜治／摄

● 1979 年 1 月

北京丰台机务段，毛泽东号司机班工人发车前讨论安全运行措施。

◉ 蔡壮田／摄

● 2022 年 10 月 9 日

毛泽东号机车组第十三任司机长王振强和毛泽东号机车合影。

◉ 杨登峰／摄

● 2022 年 10 月 9 日

　　毛泽东号机车组第十三任司机长王振强在工作中，他即将以二十大代表的身份参加中国共产党第二十次全国代表大会。

◉ 杨登峰／摄

　　王振强，男，1986年出生，2008年王振强加入1946年即被命名的毛泽东号机车组，在机车换型中很快掌握了新型机车的操纵和故障处理方法。他携创新工作室研发出"VR机车交互式演练系统"等创新成果10余项，其中7项获国家专利；2022年研发出"机车智能语音交互系统"，确保值乘作业标准化规范化，为行车安全提供保障。截至2023年6月，毛泽东号机车已完成连续安全行驶1200万公里的新纪录。

第二章

1980-1999
春潮涌动

改革开放犹如一记春雷，响彻神州大地。

伴随着改革开放，中国人口得以大规模流动，民工流、学生流、探亲流、旅游流开始在春运汇聚。1979 年，我国春运历史性突破 1 亿人次。1980 年我国全面恢复春节休假制度，忙碌了一年的人们，无论身在何方，无论有钱没钱，都能听到来自故乡的召唤。

也是在 1980 年，现代意义上的"春运"一词第一次出现在《人民日报》上，"铁道部决定全路在春运期间增开临时长途客车 24 对，临时短途客车 228 对，共 252 对比去年春运期间增加 30 对"。从此，"春运"成了中国社会生活中使用频繁的一个关键词。

按照中央政府的部署，从 1983 年起，春节旅客运输工作由各省市自治区协助铁路变为铁路、公路、水路、航空分工协作，全社会支持。

从这一年开始，春运不再是铁路包揽天下，而是各种交通运输方式都加入了春运的大军。

1991 年春运结束时，《人民日报》分别报道了铁路、公路和水路的春运情况，几个数字相加，春运人次总数为 8.5 亿以上。

以后几年的春运数字分别是：1996 年 15.19 亿人次，1997 年 17.4 亿人次，1998 年 18.23 亿人次。

● **1980 年**

春节期间东方红十三号客轮行驶在长江上，服务员抽出时间为旅客照相，很受旅客欢迎。

◉ 王光禄／摄

● 1980 年

　　春节期间长江客轮上，优秀班组服务员，心同旅客紧相连，
旅客登船如到家，扶老携幼忙不闲。

◎ 王光禄／摄

第二章

● 1980 年

春节期间长江客轮上，为了旅客能在轮船上感受到春节的氛围，服务员主动和旅客开展猜谜语活动。

● 王光禄／摄

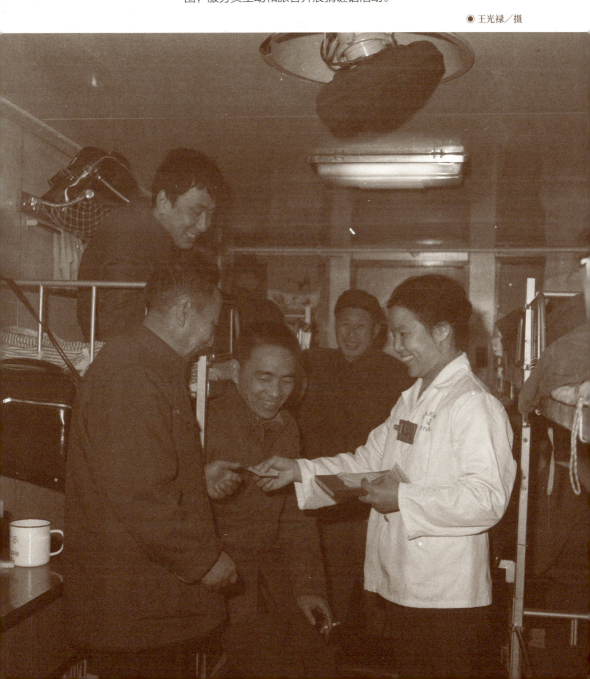

● 1981 年

正月，北京电车公司职工在抢修电车线路，保证车辆畅通。

◉ 李桃／摄

第二章

● **1981 年**

正月，北京人民汽车公司职工认真开展"五讲四美"活动，打扫车内外卫生。

◉ 李桃／摄

● 1982 年

早春时，东北大地仍是寒风刺骨，列车上的开水供不应求，每到一站旅客们就拿着大茶缸子在站台上的送水车旁取水喝。图为内蒙古通辽站旅客打水场景。

◎ 原瑞伦／摄

第二章

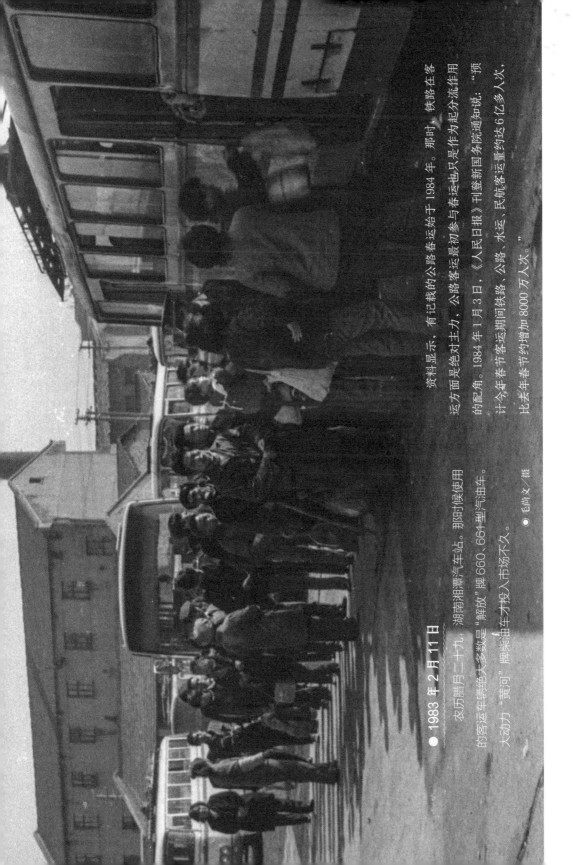

● 1983 年 2 月 11 日

农历腊月二十九，湖南湘潭汽车站。那时候使用的客运车辆绝大多数是"解放"牌 660、661 型汽油车。大动力"黄河"牌柴油车才投入市场不久。

资料显示，有记载的公路春运始于 1984 年。那时，铁路客运方面是绝对主力，公路客运也只是作为分流作用与春运最初参的配角。1984 年 1 月 3 日，《人民日报》刊登新国务院通知说："预计今年春节客运期间铁路、公路、水运、民航客运量约达 6 亿多人次。比去年春节约增加 8000 万人次。"

● 毛尚文 / 摄

● 1983 年

作为"文明样板第一路",春运期间的国道107线也是中国最繁忙的国道。图为春运中的国道107线长沙至湘潭段,这条52公里的道路是湖南省第一条双向四车道高等级公路,战备时可供飞机起降。

◉ 毛尚文／摄

● 1984 年 1 月 30 日

　　农历腊月二十八，临近年关，旅客正在湘潭汽车站接受安全检查。这一年，由于某地旅客携带易燃易爆物品引起车辆爆燃造成旅客重大伤亡。当时的交通部要求各地春运期间对旅客行包进行安检。

◉ 毛尚文／摄

第二章

● 1985 年

山东临沂，春运期间，凌晨起来赶早车的旅客。

◉ 李百军／摄

我的春运记忆

春运即春节运输，这个词最早出现于1980年的《人民日报》，是中国在农历春节前后发生的一种大规模交通运输现象，以春节为中心，节前15天，节后25天。

"春运"被誉为人类历史上规模最大的、周期性的大迁徙，它与另一个叫"乡愁"的词密切相关。无论你在外务工还是求学，当官还是扫大街，荣耀还是卑微，皆因春节引发绵延在心里的对家和故乡的眷恋和思念。余光中先生说，"乡愁是一张窄窄的船票 我在这头 新娘在那头"，因大陆以陆路交通运输为主，所以连接乡愁的就是一张窄窄的车票。

春运于我最早的记忆，源于1981的春节。亲从陕南回家过年，腊月二十七动身，除夕还没有到家。那时通信不发达，路上究竟什么情况不得而知。

记得那个大年夜气氛很是凝重，一桌子年夜饭基本没怎么吃，爷爷

沉默不语，奶奶和妈妈不停地抹眼泪，我和弟弟也小心翼翼，一切皆因家里最重要的两个顶梁柱缺席大年夜。

大年初一，父亲才背着大包小包风尘仆仆回到家里，原来是因为他在回家的路上顺道探望在蒲城当兵的我二爸才延误了归期。那时的春运，运力严重不足，一票难求，除夕晚上，父亲和很多人被困在绥德汽车站。

也许是冥冥之中总有一些暗示吧，十几年后，我在绥德汽车站开始与春运近距离亲密接触。每年的腊月十六，春运便拉开了帷幕，浩浩荡荡的迁徙大军从四面八方汇集在旱码头，除了返乡的本地人之外，还有很大一部分人通过中转、换乘渐渐向家的方向靠拢。

那时的冬天特别冷，我们上班又早，每天5：20班前会点名，6点就有包头、离石、延安、定边班线开始发车。尽管每个人都小袄套

大袄穿得像笨熊一样还冷得瑟瑟发抖。赶早的客人捂着耳朵，不停地跺着脚，数九的严寒把候车的时间拉得有些漫长，有的人实在冷得受不住了，就跑过去想喝一碗滚烫的油茶。往往，客人刚刚端起碗，油茶热腾腾的香气袅袅扑鼻，发车的广播却急促地响起。客人赶紧吸溜一大口，油茶太烫，烫得双眉紧蹙，张口倒吸冷气，这个场景总让我联想到幼儿园学的拼音歌"一个圆洞喔喔喔"。客人赶紧放下碗，但依然不舍得放弃口里滚烫的油茶，捂着嘴巴向车上跑去。

那时候春运的候车室真的是人山人海摩肩接踵，站务员匆匆穿行于滚滚的人流之中，忙得顾不上吃饭，甚至顾不了上厕所，不是讲笑话，窗口坐庄售票员看见票房进来人总会大声求助："快帮我坐一下，我上个厕所，一泡尿憋了两小时了，实在不行了！"

节后跨省长途班线最为火爆，来迟就没票了。正月初二便有亲戚、朋友、同学、邻居纷纷上门或打电话请你买票、留座。一些多年不走动的亲戚，也不知从哪里找到家里的电话，他们语气之恳切，语调之委婉，以拉近亲情的名义请你务必帮忙。春运，尽在一张张车票里彰显着运输人的荣耀与自豪。

正月初七，北京－天津－石家庄线路车车爆满，营运车辆加班连轴转。这时，你会看到一行五六个或七八个臂弯里夹着公文包、手指上套着硕大的镶宝石戒指、身披簇新皮衣，但裤脚和皮鞋却蒙着一层厚厚灰尘的年轻人，他们操着南川口音，"喂，卖票的，不差钱，要前面的好铺。"往往这时候只剩下大通铺了，这伙人便大声叫嚣着，指责售票员服务态度不好。

这大都是同一村子出来在京津冀当煤贩子的，他们搭乘年末最后一趟班车从大城市回到村子里过年。过完小年坐着三轮奔奔车或毛驴车来到县城，然后转乘县际班车来到旱码头，再坐上通往大城市的卧铺车，实现自己的淘金梦。春运，也是连接城市与乡村的时光隧道。

煤贩子中还有一部分坏了良心的陈世美，他们在大城市养了小蜜便不回家过年了。一般在正月十五之后，三五成群的中年女人安抚好老人和孩子后结伴去大城市寻夫。她们脖子上金灿灿的粗重项链更突显出皮肤的粗糙和黝黑，戴着金戒指的手上裹着发黑的胶布，无声地诉说着照顾老小、操持日子的艰辛。她们一般早早地就坐在车上，肆无忌惮地诉说着家里"挨刀子的"种种罪行，她们也互相调侃或者开一些粗俗的玩笑，我们在唏嘘留守女人悲苦的同时，也在庆幸自己的自尊自爱和自给自足。

1996 年，随着对外开放的扩大，吸纳进来大量的个体经营者，其中有些人鱼目混珠，导致经营环境日益恶化，宰客、倒客、甩客现象时有发生。如果你看到西安卧铺车前面齐刷刷地围坐着一圈人，不用问就知道是某省人。

他们一般不进站买票，都是在站外面讨价还价，最后以很低的价格被集体塞进大通铺，或者一个铺上塞四五个人。当他们下车发现没有到达目的地时，也不吵不闹，但大人娃娃围坐在车跟前冰冷的地

上绝不腾地儿。这时有年轻的乘务员便恐吓，甚至将代表模样的人狠狠地捅两拳头，但那人目光坚定，一副誓死不屈的模样。无奈之下，经营者嘴里嘟嘟哝哝："这帮龟儿子，只出了到延安的钱，却要到大柳塔。"最终还是将他们又集体倒腾到硬座车上。这让我相信，不管多卑微的人，他的背后也许都有一个强大的组织。

年末返程的四川人大方了许多，他们怕耽误了行程大都进站买正规的车票，男男女女装扮一新，笑逐颜开，母亲们背上背着一个娃，怀里抱着一个娃，父亲们大包小包肩背担挑，浩浩荡荡向南挺进。

有钱没钱，回家过年。

车站是一个有故事的地方，春运的故事更多。

我关于春运的记忆是从车站对外开放开始的，听一位年长些的同事说，国营车站的时候，大战春运四十天几乎是不放假的，他们就没有假期的概念。他说，有一年的除夕下雪了，太原和介休聚集了旅客，对方公司打电话叫绥德这边过去接人。大过年的谁也不想去，而且路面还有积雪，路途比较危险，客运公司只好动员党员、先进驾驶员过去拉人。

车队队长连哄带骂，驾驶员们纵然有一万个不愿意，但一边骂骂咧咧排侃，一边却在"轰隆轰隆"地摇着搅把发动车辆。大年三十，他们驾车驶出车站，直到正月初一早上才赶回来。那一代运输人，他们简单、豪爽，甚至有些粗糙，但他们那种忘我的奉献精神和浪漫的英雄主义情怀是我们后来人无法超越的。

春运启动日的第二天，我在榆林汽车站候车室转了一圈，旅客寥若晨星，昔日春运的喧嚣和热闹早已远去。前两天，一段"相约在零点37分"的视频在网络蹿红，讲的是一对铁路情侣在火车站台上1分52秒的短暂相聚，让人泪目。我们在感动的同时，一种失落深深侵蚀着落寞的心。春运，我们也曾奉献其中！

我常常想，每一个行业的发展都有周期，公路运输的黄金时代转瞬即逝。如果我们的服务再好一点，我们的经营者和驾乘人员的素质再高一点，我们的市场管理再规范一点，至少卧铺车不会那么快就寿终正寝吧？

归去来兮，人生不过是归乡和离乡。

路远情长，春运依然在路上。

李延飞

● 1985 年

山东临沂，等车回家过春节的民工。

◎ 李百军 / 摄

● **1985 年 2 月 14 日**

农历腊月二十五，从湘潭市开往湘乡县的客运班车在这里上客。

◉ 毛尚文／摄

第二章

● 1986 年

山东临沂，售票处排队买票的旅客。

◉ 李百军 / 摄

火车上的一件憾事

一年一度的中国春运，开启的是地球上最大规模的人口迁徙，这是一趟既悲壮又温馨的乡情之旅。

那些过往的岁月里，故乡却成了我们最向往的别处。正如旅行家凯瑟琳·普莱斯所说：当我们选择身处异乡时，就默认了一种似乎完全不属于自己的生活，我们想要在旅行中寻求改变，而旅行中带来的改变就是在别处，且回味无穷！

上世纪 80 年代，我曾是春运大军中的一员，我那时二十出头，在杭州一所不起眼的学校读书，我与她的故事，就发生在返校途中的火车上。

她是一位模样清秀的女生，穿着绿色灯草绒上衣，戴着厚厚的眼镜，挤车泛起的红晕还挂在白皙的脸上，两条扎着小红筋的辫子乌黑发亮，胸前别着"长沙国防学院"的校徽。

火车驶出湖南怀化站不久，那位女生就感觉身体不适，她遮遮掩掩地拿了些女生用品，心急火燎地挤过挨山塞海的人群，往厕所方向

吃力地挪腾……稍后又大汗淋淋地返回，一小时内，来回折腾好几次。

她焦急地对同座上另一位女生说，厕所都挤满了人，咋办嘛？

我以为她内急，八十年代的春运，尤其是春运高峰那些天，车上厕所往往都会挤爆，解溲根本没羞耻可言——不管厕所里站着多少男女，事者都不避讳，只是稍做遮掩，就神情自若地拉下裤子，在众人目不斜视的肃穆中解决问题，这女生恐怕是抹不过面子吧。

但人之三急，古之矜也廉。看到女生焦急到崩溃的样子，我好几次想站起来，帮她清理挤在厕所里的那帮老少爷们，但当我试图用眼神与她交流时，她每次都羞赧地避开了。

从深夜直到窗外泛白，女生数次挤向厕所，又数次失魂落魄般地返回，眼泪在她神色黯淡的镜片下打转，直到这时，我才发现她裤腿上有一片湿红湿红的颜色在不断扩大，我幡然醒悟，啊呀，妹妹怕是遇到生理期了吧？

我终于鼓起勇气站起来，坚毅地盯着她，想带她去厕所里打理，好把挤在里面的男女吆喝出来。女生咬紧嘴唇，如黛玉那般哀怜地扫我一眼，又把头深深埋下去，毕竟这是女生最隐秘的私事。

我欲言又止，车轮咔嚓咔嚓发响，我们寂寥无语……

第二天清晨，疲惫的火车终于在悲壮的呼啸声中驶入长沙站，经历一夜憋屈与煎熬的女生，迫不及待地取下行李，用外衣包裹好湿红的部位，躬着纤柔的身子，衣着单薄地离去。

大凡中国人，每人都有一次刻骨铭心的春运经历，这就是我学生时代最大的憾事，让我灵魂时常自责难安，奥古斯丁和卢梭在写忏悔录时的心境，恐怕就是这样吧？

张国庆

● 20 世纪 90 年代初

受运能限制，春运期间的客车空前紧张，对于短途路线，只能将装货物的棚车进行简单改造，用来运送旅客。图为阜阳火车站采用棚车运客。

◉ 陆应果／摄

第二章

● **20 世纪 90 年代初**

　　阜阳站春运时运力紧张，采用棚车向上海方向运送外出打工的民工
兄弟，疏解民工潮。

◉ 陆应果／摄

第二章

　　说到阜阳站，许多人可能并不陌生，上世纪八九十年代，在市场经济春风的吹拂下，"打工经济"兴起，给贫困的农村带来希冀，每年春节一过，数以万计的务工人员从这里出发，前往江浙沪地区，开始一年辛苦的打工生活，但由于交通基础设施的落后，出行成了一代人苦涩的记忆。

　　1978年前，阜阳站不过是皖北青阜支线一个尽头小站，年发送旅客不到60万人次。到上世纪70年代末，阜阳站只有2条股道、2个售票窗口，开行客车2对、货车4对。由于车辆和运力有限，每到春运高峰，阜阳站不堪重负，列车严重超员，甚至不得不动用货运棚车载客，乘车条件非常艰苦。

　　为了应对春运期间高涨的客流量，增加运输动力，铁路部门临时将货车改为客车使用，即所谓"棚代客"列车。这种棚车内没有座椅，只有少数小铁窗，环境十分恶劣，白天太阳照射闷热如同桑拿，夜晚气温骤降车内寒气逼人，连"厕所"也是简易的（只在车厢内放个桶或者在角落开个洞用竹席围一下），车内空气不流通，简直臭味熏天，故而又被形象地称为"闷罐车"。

● 1986 年 1 月 29 日

　　农历腊月二十的吉首汽车站。为解决山区旅客行李包裹存取问题，湖南吉首汽车修配厂研制的适应湘西地区赶集（场）的客车小拖正式投入使用，深受旅客欢迎。

◉ 毛尚文／摄

● **1986 年 1 月 31 日**

　　农历腊月二十二，春运中的湖南湘西永顺县砂坝乡汽车站，站长彭生文和妻子在为上车的旅客检票。那时候的农村客运站很多是"夫妻站"。

◉ 毛尚文／摄

● **1987 年**

春运期间，山东临沂街头等待回家的旅客。

◉ 李百军／摄

第二章

● 1987 年 12 月

还没进入腊月，广州火车站就因农民工激增而积压旅客现象严重。

●于文国／摄

● 1988 年

天津站改造前的售票处外景。

◉ 杨宝森／摄

● 1988 年

天津站改造前的候车室内景。

◉ 杨宝森／摄

● **1988 年**

山东临沂，正装载行李的春运班车。

◉ 李百军／摄

● **1989 年 3 月 27 日**

广州火车站广场，铁路公安干警当场抓获一名票贩子。

◉ 于文国／摄

● **1989 年**

春节以后，重庆火车站售票处迎来客流的高潮，为了购票，许
多人要排一夜的队伍。

◉ 袁学军／摄

第二章

1990，春运江湖

1

1990 年的春节显得格外沉闷。

我那时被"下放"到大凉山昌兰稀土公司去做宣传干事，有意思的是，几个月前，我被捕快从狱中接回单位，带回的那些"证据"让单位头儿吃了一惊，咦，这龟儿子文笔不错，马上派到昌兰公司去搞宣传工作。

刚到矿区报到，就接到老家田牧师的来信，他告诉我，自我入局后，弟兄姊妹们一直在为我祷告，愿被掳的得释放，被囚的出监狱。

不久，接着母亲又来信，说我"进去"后，外婆伤心过度，眼哭瞎了，人也瘫痪在床，叮嘱我春节无论如何都要回趟家。

那年春节成为我归心似箭的日子。

那时中国基础设施相当落后，交通还不能适应全国性人口大迁徙，每逢春运期间，各地车站都人满为患，颇像当下印度人爬挤火车的劲爆场面。

我是在冕宁一个叫泸沽的小站候车的，当列车气喘吁吁地驶入站台时，黑压压的人潮竟然将火车镇住了，连车门都不敢打开。我是被几位同事托着屁股，从火车厕所半开的窗口狼狈地爬进车厢的，手忙脚乱之间，一只鞋掉到铁道上，火车启动时，我顺势将另一只鞋也蹬了下去。

一路就这样挤火车，赶轮船，又摇摇晃晃地乘了200多公里的长途客车，疲惫难当地折腾五六天后，终于在大年初一赶回老家。

亲情有最神奇的疗效，病恹恹的外婆得见我"真身"，喜出望外，大半年焦虑瞬间卸下，身体康复之快，可用迅猛来形容，几天后就可以下床走动了，当我休完探亲假返回单位前夕，外婆竟然可以去后院打理菜园子了。

②

也是那年春节，我因一次意外还遇到一个特别的惊喜。

我去城里拜访地方报社副刊编辑邹明星先生，作为他曾经重点栽培的作者，却由于我的原因，他的仕途多少受了些影响。我有负荆请罪之意，他却格外释怀。从邹老师家出来后，又碰上了原来"拳击

手诗派"的一些老哥，免不了来一场疯疯癫癫的酒会，本来酒量式微的我，很快就被灌得"满脸红霞飞"。

那天晚上，我昏昏沉沉地走在县城的大街上，冷不防被一只粗壮有力的大手猛然叩击肩头，力大气沉，令我跟跄了两步。我心里"咯噔"一下，遇劫了吗？随后身后就有一阵匪声壮阔的笑声。我惶惑地转过头去，竟然是久违的赵姓大哥。

两年前的秋天，我从成都搭上开往老家的长途大巴，路途漫漫，要连续走一个晚上两个白天。每次路途休憩或就餐时，我都会看到同车一位身材敦实的男人，跑到饭馆的垃圾桶里翻找吃的。他并不邋遢，看上去不像是流浪汉，想必是遇到了什么难以启齿的困境。我就主动过去与他搭讪，问他是没赚到钱还是钱包被偷了？

男人放下面子，酸涩地摇摇头，讲了他的故事。

他就是赵姓大哥，1983 年严打时，他因盗窃罪被判刑好几年，后押送到四川某煤矿服刑。出狱前一天，在煤洞里九死一生的他喜不自禁，留下路费后，花光所有积蓄答谢狱友，故此，遥远的回乡之路只好捡拾残汤剩羹充饥了……

我被他感动得一塌糊涂，最后两天，我包办了他所有食宿。

赵大哥属于路子野、胆子大的那类江湖袍哥，出狱后这两年里，他鼓捣黄金生意，竟然发了大财，成为当地最早的"万元户"。有道是"人是三节草，不知哪节好"，江湖中的快意人生，莫不如此。

有钱就是任性，他把我拽进他家里，拉开衣柜，豪横地送我一套崭新的西装，我以不合身为由拒绝了；他又从自己脖子上摘下那串大金链，死活要给我戴上，我又以物品太过贵重，实在收受不起，仍是拒绝了……

江湖上的人，你给他一点恩情，他总想还你整个世界！

3

并不是每次旅途都只是鞍马劳顿，还有惊魂一刻。

还是上世纪90年代，有一年节后返程武急，从乌江岸边的龚滩古镇乘"汽划子"（一种很小的机动船）到榨菜之乡涪陵后，又马不停蹄地沿长江溯流而上，凌晨3点左右抵达雾都重庆。

子夜的山城褪去一切光彩后，自带一种冷峻的阴森。由于时间尚早，湿漉漉的菜园坝火车站显得格外冷清，就连站前售票大厅也都处于关闭状态。我急于购买去成都的火车票，心急火燎地在站前广场游蹿好几圈，终于在一个偏冷的旮旯，发现仍有两个临时售票窗在工作。

我喜出望外，赶紧从厚实的羽绒服里掏钱购票。这当儿，旁边突然

闪出一个鬼鬼祟祟的家伙，打着响指冲我说，哥子，我手上有坐票，加3块就转给你。

春运期间能买到火车坐票，那是何等的福分啊？不过，窃喜之余，我还是多了个心眼，我说先看看里面还能不能买到坐票？如果没有，我就买你的。

让人意外的是，窗口真还有座票出售……嘻嘻，一念之间的聪明，节约了整整3块钱。那年月，可以吃上好几顿牛肉面呢。

买好票，转身就想离去。岂料那家伙心有不甘地拽住我，说崽儿，懂不起嗦？送包烟钱慰劳慰劳哥子噻。我本能地挡开他手，予以拒绝。他见我人瘦小，还挺倔，口里嚷嚷："不给三颗米，你崽儿今天跑得脱？"于是打了个口哨，瞬间就从暗处拥过来七八个杂痞，将我团团围住。

我知道摊上大事了，急促之间，猛然把手伸进羽绒服里使劲掏了掏，他们中就有人压低嗓门喊：嗨——注意哈，这崽儿有刀。

就在他们惊疑、闪退的那一刻，我像一辆瞬间提速的越野车，风驰电掣般地冲出重围……

张国庆

● 1991 年

　　春节刚过，南下的民工就已如同潮水般地涌入广州火车站，
女厕为此"爆棚"，为了上趟厕所等上个把小时是常有的事。

◉ 叶健强／摄

第二章

● 1991 年

山东临沂，春运期间车站上的旅客。

◉ 李百军／摄

● 1991 年 2 月 23 日,

大年初九, 蚌埠市火车站, 排队检票前往南方打工的农民。

◉ 夏炜／摄

第二章

● **1991 年 2 月 23 日**

　　大年初九，蚌埠市火车站，由于外出打工的农民工太多，当地驻军也派出军人来维持秩序。

◉ 夏炜／摄

● 1991 年 2 月 23 日

大年初九，蚌埠市火车站广场前往南方打工的农民。

◉ 夏炜／摄

● 1992 年

　　由于运能紧张，客流高峰的春运期间，常有大量旅客昼夜滞留在车站广场，等待乘车。图为 1992 年广州站站前广场被迫滞留的旅客。

● 原瑞伦／摄

岳阳車站

● 1992 年 2 月 11 日

正月初八，数万农民工涌向湖南岳阳火车站，等待乘车前往广东。

●汪皓／摄

● 1993 年

当年是 90 年代中期的"民工潮"巅峰期，春运期间开行的闷罐车，一般根据铁路调度插空行驶。

◉于文国／摄

● 1993 年 1 月 25 日

大年初三，我国民工潮四大源头之一的安徽阜阳，当天火车站广场上满是着急外出的务工者。

◉于文国／摄

● 1993 年

全国农民工输出地四大源头之一的阜阳，大年初三就有大量打工者准备乘火车外出打工。

● 于文国／摄

第二章

● 1993 年 1 月 25 日

　　大年初三，安徽阜阳火车站广场，外出务工者工拥挤着排队候车。

◉于文国／摄

● 1993 年

上海火车站，带着全部家当回家过年的乘客。

◉于文国／摄

第二章

● **1993 年**

春运期间的中国民工潮。

◉于文国／摄

● **1993 年**

春运期间全国各地涌起的
民工潮。

◉于文国／摄

第二章

● 1994 年

　　春运期间，在上海火车站站台上，四川籍女务工人员与山东籍男务工人员泪洒站台。他俩在打工时认识并相爱，但女方家长因为山东和四川相隔太远而坚决反对，逼着女儿回四川嫁人。

◉于文国／摄

第二章

● **1994 年**

春运期间的东莞车站，大量的农民工进城务工。

◉原瑞伦／摄

● **1994 年 2 月**

安徽省金寨县的农民工用独轮车推着铺盖卷、干粮和劳动工具，一路风餐露宿，徒步推到上海找活儿干。

◉于文国／摄

● 1994 年

春运期间，哈尔滨站蜂拥上车的旅客。

◉ 王福春／摄

● 1998 年

　　旅客从广州站上车，坐在运送行包的行李车内，从广州回到
湖南怀化过年也是一件不容易的事情。

◉原瑞伦／摄

第二章

● 1998 年

　　春运期间，广州站返程客流增多，100% 的超员，铁路职工在齐心
协力维持车站秩序。

◉原瑞伦／摄

● **1998 年 1 月 8 日**

农历腊月初十，从长江中游各地坐轮船到湖南岳阳转汽车、火车的旅客。那时候，岳阳市 22 路公共汽车还是国营的。

◎毛尚文／摄

● **1998 年 1 月 8 日**

顺长江而下，从重庆至上海的江渝 13 号客轮到达湖南城陵矶码头。长航江渝系列 13 艘客轮当时主要执行重庆至汉口、城陵矶、南京、上海的航线。

◎毛尚文／摄

● 1999 年

　　春运期间，湖南株洲火车站，一辆来自河南的列车上，一个挤得不堪
忍受的老汉跳下火车，向警察求救。老汉的儿子没下火车，被运往广东。

●颜长江／摄

● **1999 年 2 月 5 日**

　　农历腊月二十，湖南临湘春运交通安全检查服务站，一辆从河南开往广东的客车。改革开放以后，全国各地的打工者纷纷前往广州、深圳、东莞等地寻找工作。春节前，他们由这些地区向全国扩散，回家过年。节后，他们又由四面八方涌入这些地区，形成春运特有的"打工流"。

◉毛尚文／摄

第三章

2000-2009
春风和煦

进入 21 世纪，中国经济飞速发展，政府鼓励自主就业，并且人员流动的限制也开始放宽。因此有非常多的人从经济欠发达的地区到经济较发达地区就业，造成了人力的大量流动。这些离开家去外地就业的人员在春节前后集中返乡过年，即成为春运运输的主要人群。在春节前后的短时间内，交通运输无法满足大量人口流动，"一票难求"成为那个时代春运的重要特征。

从 1997 年至 2007 年，中国铁路前后经历了六次大提速。2008 年中国第一条高铁——京津城际高铁投运，掀开高铁创造中国辉煌的新篇章。也是在 1997 年，计算机打印的红色软纸票正式投入使用，售票速度从几分钟压缩到几十秒。2007 年，磁卡票开始出现，乘客可自助刷票进站。回家的路越来越顺畅。

2008 年，对中国人民来说是一个特别的年份，多个大事件让人难忘，汶川地震、北京奥运会，以及年初的冰冻灾害。2008 年初，一场突如其来的暴雪阻挡了人们回家过年的脚步。1 月 10 日，一场全国范围内的大降雪过程开始了，持续了两周之久的严重雪情，一下子演变成了 50 年一遇的大雪灾。

据民政部统计，截至 2008 年 2 月 12 日，此次低温雨雪冰冻灾害已造成 1111 亿元直接经济损失。低温雨雪冰冻灾害已造成多地不同程度受灾，因灾死亡 107 人，失踪 8 人，紧急转移安置 151.2 万人，累计救助铁路公路滞留人员 192.7 万人。经过全国人民众志成城抗击冰雪，最终化险为夷。

正如有歌词所唱：

当春天正向我们走来

暴雪把南方的一片土地覆盖

多少回乡的人们归心似箭

多少抢险的人们热血澎湃

风雪中党的声音传来

千百万人牵着手抗雪灾

冰雨中党的温暖送来

心贴心传递着爱

大雪无情人有情

万众一心连着那中南海

天寒地冻民心暖

风雪过后又是艳阳百花开

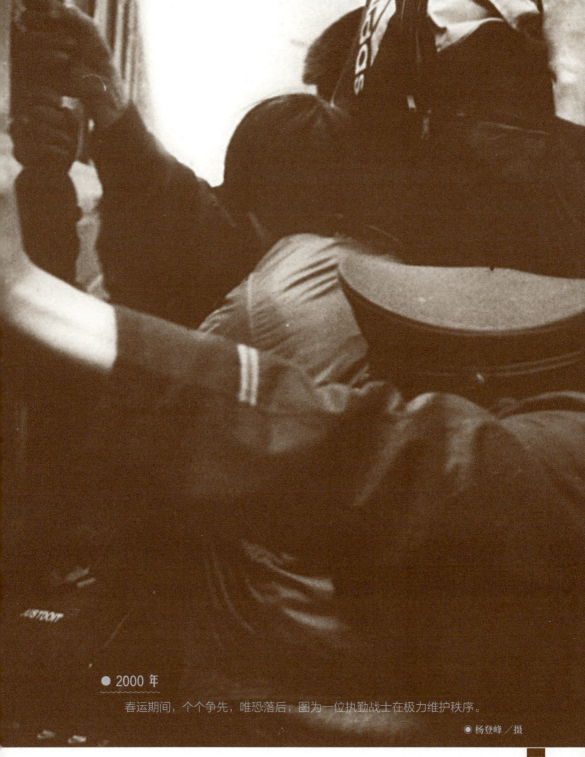

● 2000 年

春运期间，个个争先，唯恐落后，图为一位执勤战士在极力维护秩序。

◉ 杨登峰／摄

第三章

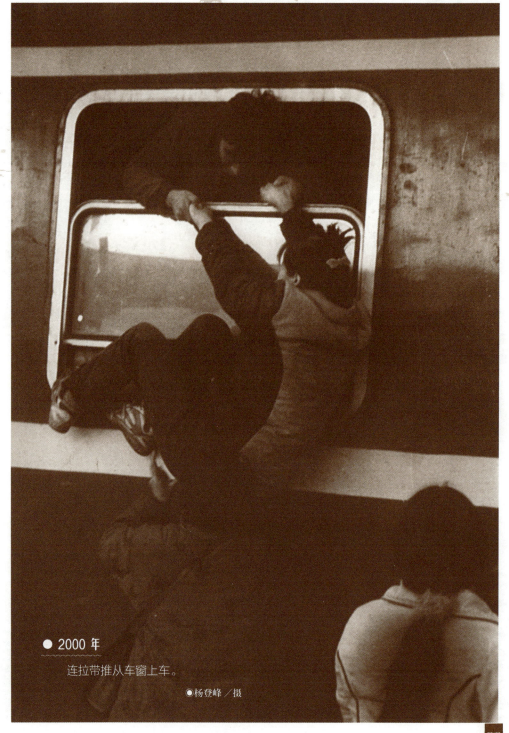

● 2000 年

连拉带推从车窗上车。

●杨登峰／摄

第二章

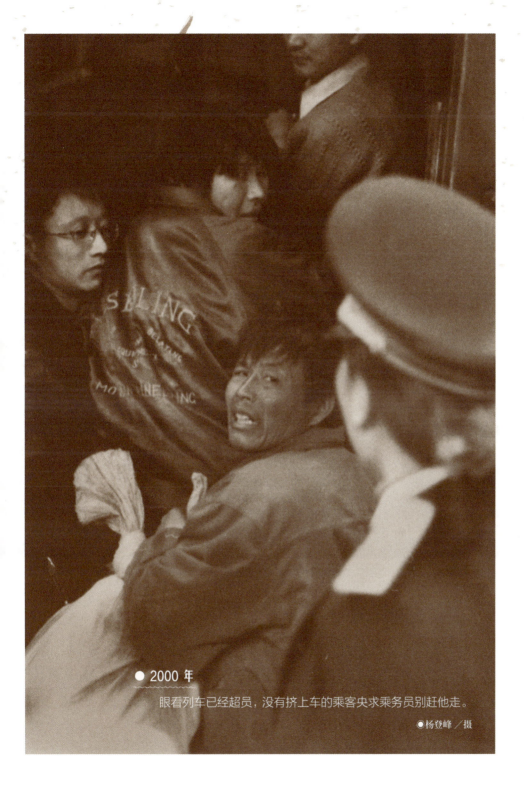

● 2000 年

眼看列车已经超员，没有挤上车的乘客央求乘务员别赶他走。

◎杨登峰／摄

● 2000 年

　　春运期间，一位背着孩子的年轻妈妈在人群中寻找家人。

◉杨登峰／摄

第三章

● 2000 年

人多车少，翻窗而入，确是无奈之举。

◉杨登峰／摄

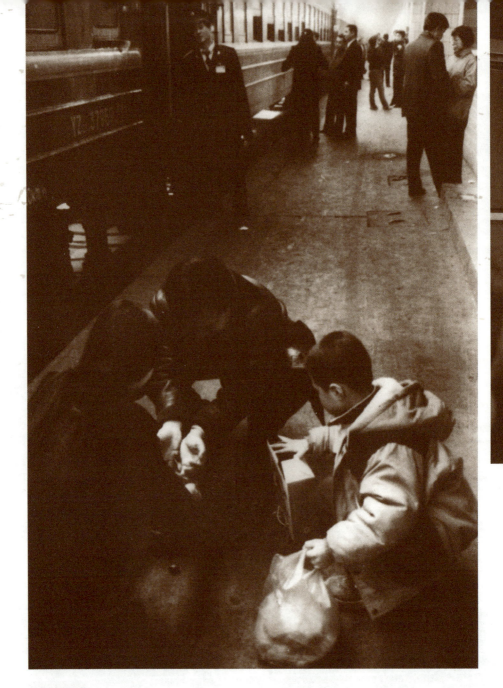

● 2000 年

因为着急赶路，手提礼盒里的大枣散落一地，一家人赶紧收拾。

◉ 杨登峰／摄

第三章

● 2000 年

　　春运的列车上，一个女孩的上半身不见了，只有一双穿着皮鞋的腿在一人多高的车窗口挂着——她正在爬窗，整个人如倒插葱般栽进绿皮车里了。

● 邓勃／摄

● 2000 年

　　春运大潮里，一名旅客在车厢里意外离世，被抬到站台上，一块白布遮盖了年轻的身躯。

◉ 邓勃／摄

● **2000 年 1 月 26 日**

　　农历腊月二十的湖南省怀化市辰溪县客运码头。上世纪 90 年代以前，这条河上非常热闹。"浦市、沅陵、泸溪，那时连简易公路都没有。我们有 30 多条船在水上跑。"船老大描述着当年盛景。现在，人们已经没有耐心乘坐"不讲速度"的小船了，春运期间，"讲速度"的快艇，虽然票价高过了汽车，但还是有市场。

● 2000 年 2 月 11 日

　　农历正月初七的浏阳汽车站。那时，全国进入广东的春运加班包车需要有原交通部统一发放的临时春运线路牌才能运营。运营长途的车辆大多数是双层卧铺车，行李是装在车顶的。

● 毛尚文／摄

第三章

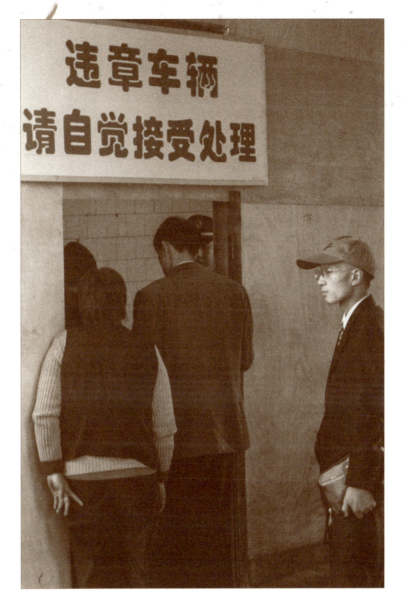

● 2001 年 1 月 9 日

　　农历腊月十五的湖南郴州春运安全检查服务站。俗话说，"一年春运半年粮"，可见春运对运输从业者的重要程度，这也导致一些资质不全的经营者违规上路运营。

◉ 毛尚文／摄

● **2001 年 1 月 10 日**

　　农历腊月十六，广东东莞高埗镇，候车返乡的打工者。广东东莞，被称为"世界超级工厂""电子之都"。春节前一段时间，湖南、江西等省市的一些客运企业纷纷放空车辆到东莞的一些乡镇接在当地的务工人员返乡。这天，离南方过小年只有几天时间了。

● 毛尚文／摄

第三章

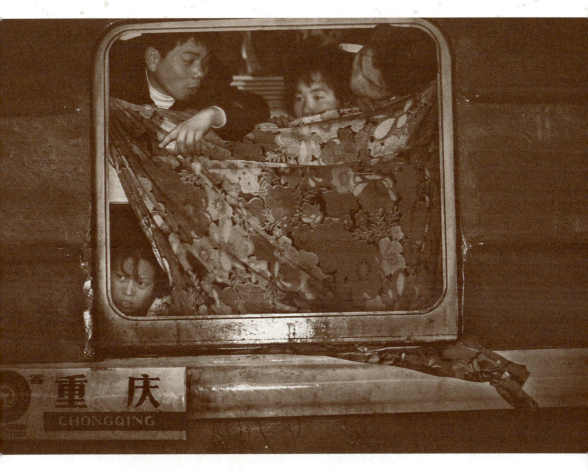

● 2001 年 1 月 21 日

　　农历腊月二十七，厦门至重庆的列车经停汉口火车站时，几位民工掀开挡风被单往外看。进入春运高峰，返乡"川军"爆满，有人打破了车窗玻璃。

　　　　　　　　　　　　　　　　　　　　　　　　　　　　　● 邱焰／摄

● 2001 年

　　车厢内乘客从被打破的窗子向外看，临时列车常被
强行上车者砸碎车窗玻璃。

◉ 邓勃／摄

● 2001 年 1 月 28 日

　　农历正月初五，临 114 次从重庆开往广州，
夜晚 10 时到十堰站，刚开车门，一群打工者群
情激昂地要挤上车门。

◉ 邓勃／摄

● **2001 年**

广州火车站广场，排队买火车票的人。

◉ 邓勃／摄

第三章

豪华影视空调大巴、全程高速 [13638490893]

邵阳 每日四班 **湘潭**
二小时到达

邵阳、湘潭同时发车：8:00 10:40 14:00 16:40 电话:13507329098

● **2001 年 1 月 31 日**

　　农历正月初八，过完大年，湖南湘潭汽车站开往邵阳的空调大巴正准备发车，亲人们正在送别。车上播放电影与歌曲，减少乘客长时间乘车的枯燥，并且这些车走的是高速，行程也大大地缩短。

● 毛尚文／摄

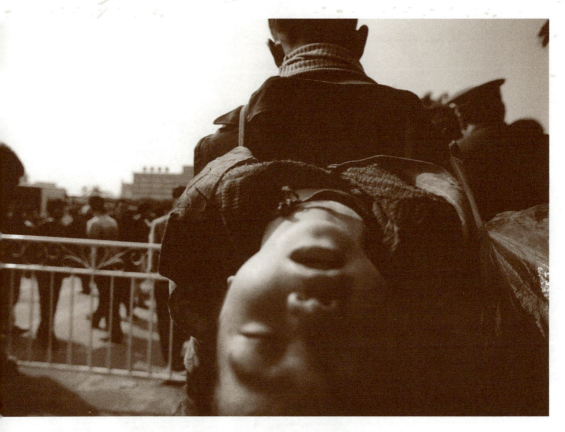

● **2002 年**

春运开启，广州火车站广场上，一位背着入睡孩子赶火车的乘客。

◎ 邓勃／摄

● 2002 年

　　新生代的孩子已长大，他们应该成了春运车厢的主力军。那一年，在车厢外，他们追赶着火车，车厢内载着一代又一代人的梦想，仍然往前冲。少年的一跳，把岁月都跳老了。

● 邓勃／摄

第三章

● **2002 年 1 月 25 日**

　　农历腊月十三，温州火车站。春运未启，购买车票的队伍已经排到了售票大厅的外面。不少前来订票的人们把目光紧紧盯着大厅内墙壁上的火车时刻表，搜寻返家的最佳车次和时间，而从售票窗口不时传出"票已没有了……"

　　　　　　　　● 史训锋／摄

● 2003 年 1 月 16 日

　　农历腊月十四，一辆短途班线车在衡阳汽车西站接受管理人员的牌证检查。那时候，一个客车驾驶员需要携带驾驶证、行驶证、道路运输证、道路客运班线经营许可证，班线牌、从业资格证、行车路单等才能上路运营。

◉ 毛尚文／摄

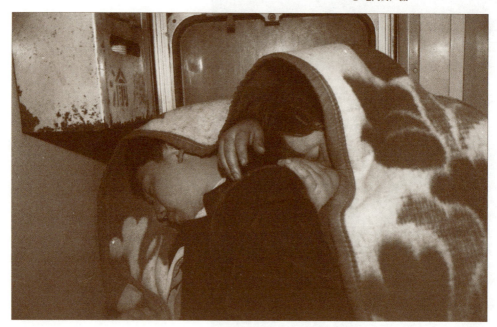

● 2003 年

　　困极了的旅客，在临时列车上相互支撑着入睡。

◉ 邓勃／摄

● 2003 年

春节返家途中，在广州火车站广场，两个小夫妻抱在一起痛哭——他们被偷了，行李还在，钱没了，连车票都被偷走了。

● 邓勃／摄

● 2003 年 2 月 11 日

农历正月十一，武汉市下起去冬今春的首场大雪。在火车站，成千上万南下广州、深圳和温州的打工者风雪中前行。

● 邱焰／摄

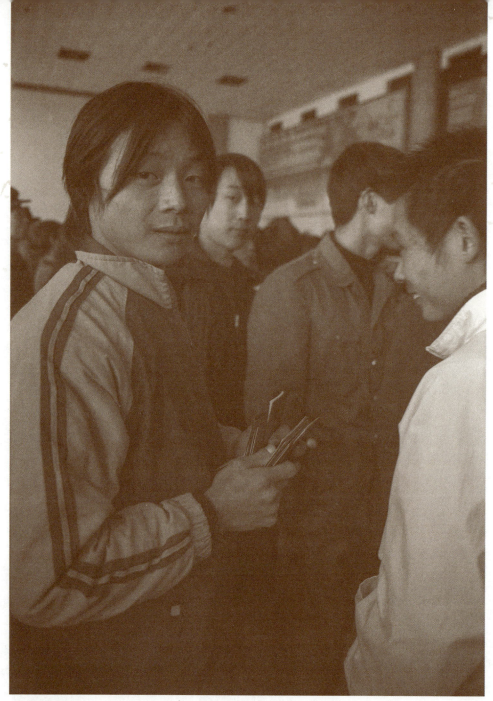

● **2004 年 1 月 7 日**

春运首日，合肥火车站售票大厅，一名学生拿着很多学生证排队购票。

◉ 吴芳摄

● 2004 年 1 月 7 日

春运首日,合肥火车站站台上,乘客蜂拥登车。

● 吴芳／摄

● 2004 年 1 月 8 日

农历腊月十七,汉口火车站广场,一名妇女从两位戴"治安"袖章的警察旁走过。

● 邱焰／摄

● 2004 年 2 月 2 日

　　农历正月十二，返程务工客流持续增多，图为陕西省汉中火车站广场外排队候车的旅客。

◎ 唐振江／摄

● 2004 年

　　春运期间，法院公开审理铁路公安抓获的小偷和"黄牛"。

◎ 杨登峰／摄

第三章

● 2005 年 2 月 2 日

　　春运期间，穿着西装的农民工坐
上临时列车回家乡。

● 邓勃／摄

● 2005 年 2 月 13 日

农历正月初五，安徽蚌埠火车站售票大厅等候买票的农民工。

◉ 刘新义／摄

● 2005 年 2 月 20 日

　　农历正月十二一大早，四川省宣汉火车站，铁路职工在引导务工人员乘坐宣汉开往广州的临客列车。

◉ 唐振江／摄

● 2005 年 2 月 13 日

　　安徽蚌埠火车站售票大厅，一位女士在看列车时刻表。由于刚过春节车票非常难买，为了买上车票，许多人连夜睡在售票厅等候。

◉ 刘新义／摄

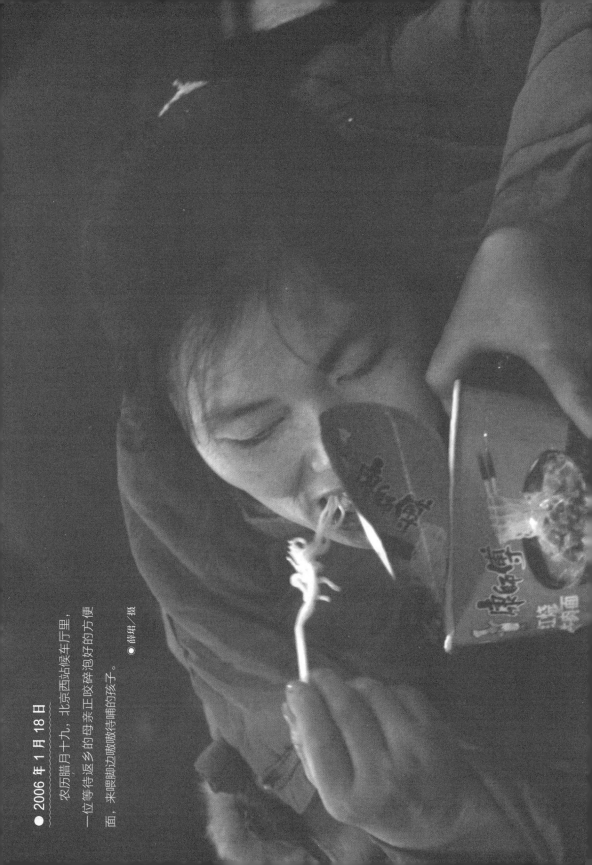

● 2006 年 1 月 18 日

农历腊月十九，北京西站候车厅里，一位等待返乡的母亲正咬碎泡好的方便面，来喂脚边嗷嗷待哺的孩子。

●薛珺／摄

如果为"春运"选择一种代表性的食物，方便面无疑是大家共同的选择。这不仅是因为这种便于携带和冲泡的速食陪伴了一代又一代中国人的春节回家路，更因为泡面过程中那些坚忍彷徨的希望，等待的煎熬，打开的喜悦和欢畅之余的孤寂，都与春运太像了。

● 2006 年 1 月 18 日

上海火车站，返乡民工登上回家列车。

◉ 吴芳／摄

● 2006 年 1 月 19 日

农历腊月二十这天，安徽颍上县火车站，暴雪中往家赶的一家三口。

● 吴芳／摄

● **2006 年**

春节假期后，北京站，扛着大包小包来到北京的打工者。

◉ 杨登峰／摄

第三章

我经历的第一个春运

上班路上，随手打开收音机，正好听到主持人说："今天，我们一起聊一聊春运的故事。"

我经历的第一个春运，是在 2007 年。那一年，我离开老家江西，到 1000 多公里以外的重庆上大学。大一上学期的寒假，虽然自己还没有经历春运抢票的激烈场面，但已经从久经战场的师哥师姐那里提前感受到了紧张的氛围。

那时，网络售票渠道还没有开通，买车票一般有两个途径，在火车站排队和通过电话热线订票。师哥师姐们说，一定要双管齐下，做好两手准备。这个时候，老乡会就要发挥作用了。

乘坐同一班次列车的同学会聚在一起，商量出一个排队买票的方案。说是方案，其实内容很简单，就是如何轮班排队。火车票如果八点开始发售，八点开始排队是没有希望的，一般要提前一两天。大家把身份证、学生证、车票钱放在一起，轮流着排队，男同学排晚上，女同学排白天，争取车票发售的第一时间买上票。这个方法除了战线拉长、需要团队作战以外，还是比较有保证的，一般都能买上票。但是有一年，我排着队，眼看着就要轮上我了，就看到前面的同学每个人都是一下子从口袋里掏出一沓证件，这个队是越排心越凉，越凉越要排，真想到前面去插个队。

通过电话热线订票就比较困难了，电话那头始终占线，好不容易拨进去了，人工客服永远是"座席正忙"，如果是自助订票，就得一遍一遍地输身份证号、学生证号、乘车日期、发到站的电话区号、选择的座位类别序号……期间但凡有一个号不小心输入错误，就得重新再输。非常考验手机按键速度和购票人的耐心指数。最让人不能接受的是，自助订票成功与否要到最后一刻才能知晓，这就意味着闯过重重关卡以为大功告成的时候，你有可能会听到"对不起，您购买的车票已售完，请重新购票"的温馨提示。现在回想，会觉得有点好笑；但当时的自己，真的是欲哭无泪，恨不得顺着电话线钻过去和语音系统理论一番。

抢火车票只是春运的第一步，旅途中往往还会收获更多的惊喜，又或是惊吓。

学生时代的春运，从学校返家的旅途还是轻松惬意的，学生客流出行早，一般整节车厢都是学生，大家聊聊天、打打牌、吃吃小零食，十八个小时的旅程很快就过去了，下车的时候还要互相留个联系方式，相约返校以后一起玩。

节后返校就不一样了，和返城务工的客流叠加在一起，难度系数直接翻倍。有一年，因客流量过大，送站人员不能进站，爸爸送我到车站后，我一个人拖着行李箱去挤火车，人小腿短行李多，我被一波波上车的人挤在人群之外，发车的口哨声都响了，我还没挤进去，急得都要哭了。忽然听到爸爸喊我的名字，他一把把我抱起，麻利地从窗户里塞进去了，接着又把行李递进来。我刚坐定

没过一会儿，车就开了。后来才知道，爸爸看到人这么多，实在放心不下，买了一张短途票进了车站，这才没让我误了车。

大四那一年，元宵节还没有过，我从重庆到浙江杭州参加公务员面试。行程仓促，我只抢到了一张无座票，一天两夜30多个小时的车程。我一个人背着个包，满心期待又忐忑地踏上了旅途。春运时期的绿皮车厢里，真的是密密麻麻到处都是人，每个人都带着大包小包的行李，把一节车厢塞得满满当当。

我挤在人群当中，在过道中间放上了临时买的小马扎，打算就此"安营扎寨"。火车开动没多久，周围的乘客就开始摆起"龙门阵"，没多大一会儿就热络起来。大家看我一个人独自外出，又没有座位，都很热情地招呼我跟他们换着位置坐一会儿，还招呼我吃水果、吃糖果、嗑瓜子。晚上的时候，阿姨们还挤了又挤给我留出了个空位，让我安安心心坐着睡到天亮。听说我是去参加公务员面试，下车的时候，他们还不忘给我加油打气，"妹儿，一定得行！"

简陋的绿皮车厢里，从来不缺少这样萍水相逢又热情洋溢的温暖。

大学毕业后，我在离家700公里的浙江绍兴参加工作。春运抢票从线下转战到了线上，火车也从绿皮车厢的普通列车换成了动车、高铁。车票没有以前那么难买了，候车、乘车的环境更是天壤之别，但每逢春节，归家的热切始终未变。

还记得结婚那一年春节，我们第一次开车回家过年。为了避开杭金衢的拥堵时段，我们凌晨四点就出发了。在熹微的晨光中，我们沿着高速公路，穿过了无数大大小小的隧道，一路奔驰。路上都是归心似箭的人儿，仿佛在外漂泊一年的疲惫，只要回到生长的地方，就会被袅袅的炊烟、热腾腾的饭菜抚慰。

每一次春节后离家，爸爸妈妈都要把满腔的担心和关爱装成一个个大大小小的包裹，塞进行李，陪伴着我们离开。以前赶火车，为了让我们轻装上阵，他们总是挑了又挑，拣了又拣，可还是这也舍不得不带，那也舍不得不拿。可惜我们不懂这份沉甸甸的爱，总是轻飘飘一句，"太重了"，就自顾自地跑了。等到电话里，妈妈又免不了唠叨："你看，这也忘了，那也忘了，看你一个人在外面吃什么……"

开车回家以后，老两口总算是英雄有了用武之地，恨不得给你搬个农家乐回去，腌好的腊肉香肠、杀好的土鸡土鸭、攒了好几个月的鸡蛋、家里纯正的茶籽油，还有晒了一个秋天的干辣椒、干笋子、干萝卜、干地瓜……只要后备厢还有一点缝隙，都要再塞进去两把地里刚摘来的小青菜。

从 2007 年的第一次春运到今年，我已经经历了 17 个春运了。一开始，爸爸妈妈每到春节就盼着女儿、盼着儿子回家；到后来，盼着女儿领着新女婿、儿子领着新媳妇回家；再到现在，盼着女儿女婿领着外孙子、儿子儿媳妇领着小孙子回家……盼着一家子团团圆圆、和和美美又一年！

又是一年春运到，一起回家吧！

邓蕾

第三章

● 2007 年

　　春节的广州火车站，一家法国时尚杂志正在拍时装大片。一位外国男摄影师手持相机，为着装艳丽、表情冷酷的外国女模特拍照。模特周围，一群过年回家的中国农民工匆匆经过，他们扛着编织袋，挎着行李包，衣着灰暗，用不可思议的眼神看着他们面前这个外国女人，仿佛在看天外来客。

● 邓勃／摄

第三章

农历腊月十五，国道 207
线永州宁远县路段，春运期间
的农村客运还不能满足老百
姓出行的需求。农用车运客虽
然危险，却拥有一定的市场。

◉ 毛尚文／摄

● 2007 年 2 月 3 日

　　农历腊月十六，湖南临武县交通运输部门的执法人员对非法参与客运的农用车进行查处。

◉ 毛尚文／摄

第三章

● 2007 年 2 月 3 日

　　农历腊月十六，湖南省长沙火车站，旅客匆匆赶车中，期盼回家过年的喜悦心情可见一斑。

◉ 郭立亮／摄

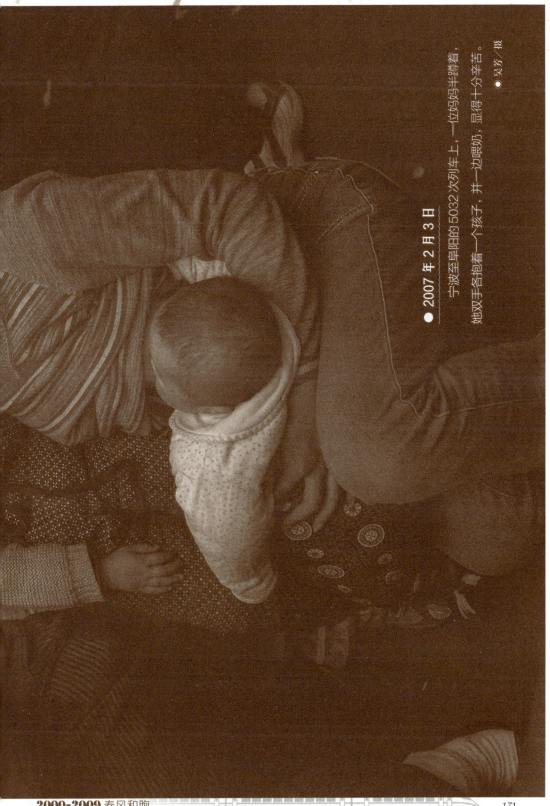

●2007 年 2 月 3 日

宁波至阜阳的 5032 次列车上，一位妈妈半蹲着，她双手各抱着一个孩子，并一边喂奶，显得十分辛苦。

●吴芳／摄

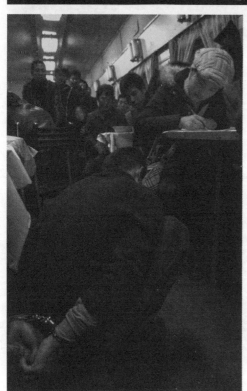

● 2007 年 2 月 3 日

浙江宁波至阜阳的 5032 次列车上，女捕快朱颖在审讯盗窃嫌疑人。

◉ 吴芳／摄

第三章

● 2007 年 2 月 3 日

　　农历腊月十六的列车上，一对坐卧铺的民工夫妻
包里装着一个婚纱照，从侧面可以看出民工的生活越
来越时尚。

◉ 吴芳／摄

● 2007 年 2 月 6 日

　　当晚，首辆农民工专列 L219 次列车从北京西站开出，文艺工作者正在为
返乡农民工演唱歌曲。

◉ 许之丰／摄

农历腊月十九23时24分，首辆农民工专列L219次列车从北京西站开出，1260 名农民工乘坐这趟从北京到十堰的专列返回家乡。自 2007 年开始，农民工专列成为每年春运必不可少的组成部分。

◎ 许之丰／摄

第三章

● 2007 年 2 月 22 日

　　农历正月初五，返程客流增多。图为合肥火车站绿皮车上一位焦急呼唤
同伴的乘客。

◉ 吴芳／摄

● **2007 年 2 月 23 日**

农历正月初六，安徽合肥火车站站台上工作人员像玩杂技一般帮乘客购物。

◉ 吴芳／摄

● 2007 年 2 月 26 日

年初九，合肥火车站站台，由于人多拥挤，一个女孩正在同伴的帮助下爬窗而入。

● 吴芳／摄

从一票难求到"互联网+"出行

时光的列车载着无数国人，开始了新一轮的大迁徙。

2018 年春运来了。这一次的"无数"约等于 30 亿人次。

春运几乎与改革开放相伴而生。1979 年年初的广东，众多回家的人把广州火车站挤得水泄不通时，"春运"这个词还没有诞生。

1980 年，"春运"首先被《人民日报》提出后，越来越多的人选择离乡外出务工、求学，诸多人群也就集中在春节期间返乡，形成了堪称"全球罕见的人口定期流动"的春运。40 年来，春运大军从不到 1 亿人次增长到 2017 年的 29 亿人次，相当于让除亚洲以外世界其他地区所有人搬了一次家。

飞机太贵、汽车太慢，性价比上的优势，让铁路成为大多数中国人出行的首选。一年年的春运中，一张小小的火车票如同一个最忠实的见证者，见证着春运里国人的匆匆背影，见证着社会的日新月异。

第三章

一票难求

作为世界规模最大的实时票务交易系统的负责人，12306 技术部主任、中国铁道科学研究院电子计算技术研究所副总工程师单杏花说，自己和所有人一样，对春运的记忆是痛苦。

上世纪 90 年代初，单杏花"坐"火车从江西老家到西安上大学。"人多，一路都是'金鸡独立'，另一只脚放下就会踩到别人的脚。"单杏花说，买不到坐票是常事。

与绿皮车一同印入单杏花记忆里的，还有那些大约两指宽、小指那么长的硬纸板火车票。这种半手工火车票最早在 1881 年唐胥铁路通车时开始使用。曾任中国铁道出版社印刷厂车间主任的刘占军说，"最多的一年，硬板火车票的印量超过 10.6 亿张，全国累计印了 200 多亿张。"

对于那个时代的旅客来说，当售票员在淡粉色的硬板票上敲上日期的"嗒嗒"声传来时，就表明你至少已经有了到火车上"金鸡独立"的资格。

"一票难求"，曾是亿万中国人一提起春运就能想到的 4 个字。1995 年的春晚上，小品《有事您说话》中，郭冬临带着小马扎和被子连夜排队买火车票的故事，直到 21 世纪初仍在上演。

90 后魏岚的春运记忆中，多少还能找到单杏花年轻时代的影子。为了抢到一张回家的票，魏岚凌晨在寒风中排队，有时甚至会把省出的生活费拱手送给"黄牛党"。

那些年，铁路客运的能力仿佛怎么都赶不上逐年增长的回家渴望。在北京火车站工会主席谢景屹的记忆中，北京火车站售票窗口的排队长龙一直延伸到广场，"弯弯绕绕能有200多米，密密麻麻的排队者把广场占得满满的"。

为了能让更多人买到车票，铁路部门增开成百乃至上千个售票窗口，租用体育馆售票、开出流动售票车售票……"每年春运，我们都像打仗一样。售票员因为赶时间在售票窗口边工作边吃饭，所有人都从日常的三班倒变成了一天工作十四五个小时。"谢景屹说。

数据显示，2009年，我国人均拥有的铁路长度只有6.6厘米，相当于一根烟的长度。这一年春运，约1.92亿的中国人在短短的40天内完成了迁徙，日均480万人，相当于每天都用火车搬运着新西兰全国的人。

从硬板票到信息化车票

"从没想到自己会和这小小的火车票发生联系。"单杏花说。

上世纪90年代末，单杏花加入了中国铁道科学研究院电子计算技术研究所，开始参与铁路客票系统研究建设，自己从一名普通旅客，变身成"铁路客票发售和预订系统"的研发者：从实现计算机售票取代硬板票的1.0版本开始，她和团队的100多名同事见证着铁路一步步从手工售票向计

算机售票的转变、区域联网售票向全国联网售票的转变、人工售票向自助售票的转变、传统企业系统模式售票向互联网电子商务模式售票的转变。

1999 年，以粉红色为基调的软纸车票在新的客票系统中开始投入使用，全国铁路实现联网售票，硬板票开始退出占据了一个多世纪的舞台。但真正的信息化火车票直到 10 年后才出现。

2008 年，京津城际列车启用如今的蓝色车票。"磁卡车票能同时满足磁性信息和热敏信息两种记录方式，记录的信息可以保存 10 年以上。"单杏花说。与此同时，火车票上的条形码也变成了加密二维码，只有专业设备才能读取，以防乘客信息被泄露。

"互联网 +" 铁路出行

95 后唐悦的春运记忆与单杏花、魏岚完全不同。"12306 上订票、手机支付、刷身份证取票、车上能充电能上网看视频、还能订餐送到座位上。"唐悦说，春运坐高铁回家"和平常没什么差别，速度快、乘坐舒服"。

包括单杏花在内，没有人想到 12306 客票系统会成为春运痛苦记忆的"终结者"之一。2010 年，12306 网站的开通试运行初期，并没有获得社会太多的关注。2012 年春运，12306 遇到了上线之后的最大压力，"12306 高峰日一天售出 119.2 万张车票，超出设计能力近 20%。"单杏花。

但在购票的旅客一端，显示的是 12306 迟迟刷新不出余票信息，或者是在提交购票信息时频繁遭遇系统卡顿。"这还不如去窗口买呢！"着急的旅客甚至与 12306 客服人员抱怨 1 个多小时，目的很简单——还我票来！

为了防止抢票插件和"黄牛党"恶意购票，从 2013 年起，12306 增加图形验证码的种类，一度令抢票软件失效，但也让当年的旅客过了把"智力测试"的瘾，还有网友把长相相近的明星做成验证码作为调侃。

之后，12306 网站相继增加了支付宝、微信支付、有票提醒等功能，12306 手机客户端也不断迭代，唐悦印象中的"互联网 +"式铁路出行，这才迎面冲入中国人的怀抱。

2018 年春运，12306 高峰日售票量已经达到 1500 万张。这个年售票量已超 35 亿张的客票系统伴随中国铁路发展一路走来，俨然已经成为世界上规模最大的实时票务交易系统。

售票数量提升的背后，是中国铁路近年来的飞速发展和运载能力的大幅提升。数据显示，2013 年至 2017 年，全国新增铁路营业里程 2.94 万公里，其中高铁新增里程 1.57 万公里；到 2020 年，全国高铁营业里程达 3.79 万公里左右，覆盖 80% 以上的大城市。

"再也不用久久排队了。"这两年，魏岚和唐悦的春运记忆开始渐渐重合，出行前上 12306 购票、自助售票机上取票已经成了她们共同的习惯。

只是在魏岚记忆中，还残留着那个通过检票口总要打个洞的红色车票。

对红色车票和硬板票都有着浓重记忆的单杏花来说，未来的出行中，火车票这样的实物载体也会消失在人们的记忆里，取而代之的是电子客票信息，记录下一年年中国人回家的印记。

（2018 年 2 月 1 日《中国青年报》，周伟，傅晓羚）

● **2008 年 1 月 18 日**

旅客在西安火车站广场上临时搭建的春运候车区内候车。

●唐振江／摄

春运候车区

● **2008 年 1 月 19 日**

济南开往合肥的列车上挤满了回家过春节的旅客。

◎刘新义／摄

● 2008 年 1 月 23 日

　　农历腊月十六，北京西站，临时售票亭前排队买票的旅客。1 月 18 日，2008 年春运正式拉开帷幕。

◉ 杨登峰／摄

第二章

● 2008 年 1 月 27 日

　　农历腊月二十，当晚 6 点，安徽省合肥市发布暴雪红色警报，在合肥火车站广场，暴雪中一名排队买票的乘客。

◉ 吴芳／摄

● 2008 年 1 月 27 日

　　湖南省长沙市，京港澳高速公路上，志愿者为因冰灾滞留的车辆和
人员送来食物和水等。

◉ 郭立亮／摄

第三章

● 2008 年 1 月 28 日

　　湖南省长沙火车站，受冰灾影响，许多火车停运，给春运出行带来严峻考验和重大影响。图为解放军官兵在车站内维持秩序。

● 郭立亮／摄

● **2008 年 1 月 28 日**

苏州火车站。旅客冒着大雪在车站外排队，焦急等待进站。

◎刘新义／摄

第三章

● 2008 年 1 月 28 日

　　农历腊月二十一零点 59 分，为了能买到回家过年的火车票，苏州市区一火车票代售点已有人在排队购票。

◉刘新义／摄

● **2008 年 1 月 28 日**

农历腊月二十一，北京站送火车票到鸟巢服务。

◉ 杨登峰／摄

第三章

● 2008 年 1 月 28 日

京珠高速韶关段滞留的车辆，他们已经在冰天雪地里待了三天。

◉ 曾强／摄

● 2008 年 1 月 30 日

　　北方小年这天，不少列车因雨雪停开，铁路杭州站请旅客办理退票手续。面对家乡和亲人的方向，很多人的情绪都难以平静。

　　　　　　　　　　　　　　　　　　　● 王芯克／摄

第二章

● 2008 年 1 月 31 日

农历腊月二十四，广州站部分列车恢复运行，大批乘客聚集在火车站广场外准备进站。一乘客晕倒在人群中，其他乘客把其抬高救出。

◉ 方谦华 陈奕启／摄

2008 年 1 月 31 日，北方的大雪和南方的冻雨一度让数以万计的旅客被迫滞留在广州火车站。一位女士晕倒后，群众正接力将她送出去。面对渴望返乡的人群，无论是执勤的武警战士，还是努力让火车再跑起来的铁路工人，都倍感压力。经过大家的齐心协力，候车的人群始终秩序井然，因为春运从来都不仅仅是一场与时间、距离的竞赛，更是一场全社会参与的爱心接力。

● 2008 年 2 月 1 日

农历腊月二十五，南方雪灾。图为广州火车站广场内外滞留的乘客。

● 邓勃／摄

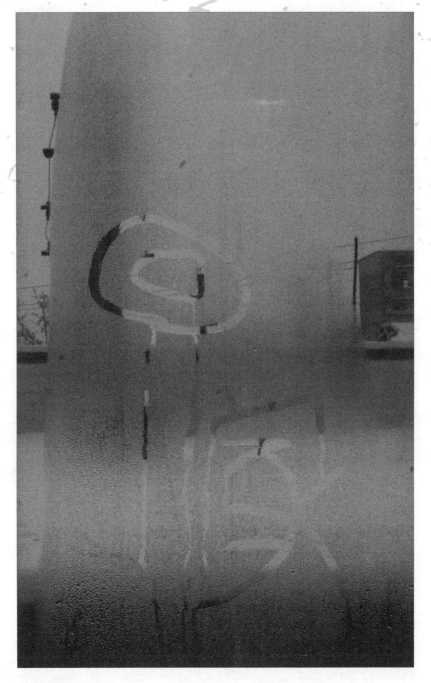

● 2008 年

　　春运途中，临时列车的车窗上写着"回家"两字。这是武昌至广州
T119 次列车，因为冰冻灾害，列车在路上停了 15 小时 15 分钟。

◉ 邓勃／摄

第三章

● **2008** 年

　　春运路上，在漫长的旅途中与同车的旅友打牌的快乐场景。

◎ 邓勃／摄

● **2008 年 2 月 1 日**

　　农历腊月二十五，临近过年，汉口火车站广场，一拎着活鸭、挑着行李赶火车的妇女。冰天雪地里虽然寒冷，但却难掩脸上心头的喜气。

● 邱焰／摄

● 2008 年

    过年前的大雪带来年味，但也给回家造成不便。图为在车站帐篷里候车的旅客期盼早日回家团聚。

◉ 王芯克／摄

● 2008 年 2 月 1 日

　　农历腊月二十五，在广州火车站西侧高架桥下，解放军战士用人墙将滞留旅客隔离分散，以确保部分放行后不会出现踩踏伤亡事件。据官方统计，当日广州火车站共有滞留旅客 24 万人。

◉ 张宏伟／摄

● 2008 年 2 月 3 日

　　湖南株洲汽车站，南方冰灾后恢复发车当天候车的旅客。

◎ 毛尚文／摄

● 2008 年 2 月 2 日

　　湖南湘潭汽车西站。春运期间，中国南方发生大范围冰灾。
一段时间内，湖南的高速公路、国道和省道全部封路，所有的客运
班车全部停止发班。图为一名旅客背包匆匆走在冰冻的雪地上。

◎ 毛尚文／摄

● **2008 年 2 月 4 日**

　　湖南省长沙市，京港澳高速公路上，多部门出动大型机械清除道路上的冰雪。

◉ 郭立亮／摄

暖心之旅

2008 年隆冬，一场漫天大雪席卷了除北方以外的所有中国，媒体聚焦的探亲人流，被大雪阻隔在南中国的站前广场上，成为一道极其悲壮的人文风景。

在家日日好，出门时时难。拥堵不堪的春运人潮，一度让我思忖猫在成都过节就好。但随着年关的逼近，雪灾形成的巨大阴影，还是敌不过浓浓的乡情，我踏上成都开往桂林的 652 次列车，终点站依然是永不改变的故乡。

出乎意料的是，这趟列车并不拥挤，我落座的 14 号车厢，甚至开车后仍有空着的座位。

坐在我斜对面的一对母女引起了我格外关注，挤车形成的红晕在年轻妈妈的脸上久久未能褪去，让人一下就联想起《高原红》那首歌！

列车驶出成都站后，她咿呀学语的女儿突然哭闹起来，脸色红晕的妈妈只得牵着女儿，在列车的过道上不停地走动——那是一个很乖巧的女孩，假小子模样，逗人的眼神，稚嫩的笑，人见人爱！

感谢上帝，好在列车内的环境相对宽松，年轻妈妈可以把车厢当作临时的家来调理女儿瞬息不定的情绪，摇摇晃晃的列车或多或少还有些摇篮般的感觉，我猜想那小女孩很快就会躺在妈妈的怀里美美地睡去。

但列车驶出两小时后，女儿从妈妈的手上、腿上、怀中一直玩到肩上，新环境让她有一种莫名的兴奋，后来竟然不顾母亲的拉扯，独自窜到车厢的走廊上反复地练步！小家伙东倒西歪，又吼又闹的样子，让人忍俊不禁！

年轻妈妈很累，几小时后，湿漉漉的头发就冒出了热气，脸上的红晕色彩更深。

夜渐渐深了，年轻妈妈实在熬不住巨大的精力消耗，眼神忽明忽暗，靠在座位上争分夺秒地休息，她拿出一床小被单，先把女儿小心翼翼包裹起来，然后把女儿揽到后背上，再用绳子轻轻拴到腰间。

也许是太过疲惫，刚收拾妥当，年

第三章

轻妈妈的头就靠在列车的桌板上急速睡去——惊人的母爱就此定格：年轻的妈妈坚毅地撑起一只手，以固定的姿态，将奶瓶送到小宝贝的嘴边……

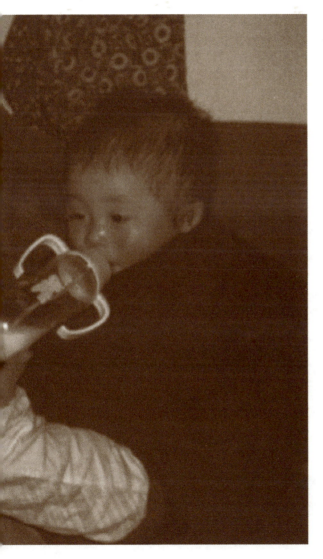

我迅速打开相机，抢拍下这个感人肺腑的春运镜头！

年轻妈妈是在重庆一个叫黔江站的地方下车的，我仔细数算她在八小时行程里，休息时间总计不超过 30 分钟，其中还有十多分钟保持着给孩子喂奶的姿势。

这个极寒冷的冬夜，有一种暖人的情感，撼动人心。

张国庆

● 2008 年 1 月底 2 月初

　　杭州遭遇了 50 年一遇的雪灾，整座城市都在为雪而奋战！眼见不断升级的雪灾预警，驻浙某部官兵在杭州火车东站广场支起帐篷，为滞留的旅客遮风挡雪。一度，杭州火车站和火车东站滞留旅客多达 16 万人，时刻考验着春运指挥部门的应对能力。

◎ 王芯克／摄

第三章

● **2008 年**

　　风雪同行，和衷共济，危难关头，挺身而出。图为驻浙某部官兵在杭州火车站为滞留的旅客提供热水。

◉ 王芯克／摄

● 2008 年 2 月 6 日

　　除夕夜，杭州火车站候车大厅内的旅客焦急等待进站列车，好赶上团圆的饭菜。

　　　● 王芯克／摄

● 2008 年

　　因为风雪阻途，很多游子不能及时赶回家过年，杭州体育馆被临时征用，以安置滞留旅客。

◉ 王芯克／摄

第三章

● 2008

　　2008 年春运期间，进出京客运总量首次突破 3009 万人次，再创历史新高。图为北京西站内密集的春运客流。

◉ 杨登峰／摄

● 2009 年 1 月 10 日

农历腊月十五，西安火车站广场人流如织。

◉ 唐振江／摄

第二章

● 2009 年 1 月 14 日

农历腊月十九，铁路特警队员在西安火车站广场武装巡逻，确保春运安全。

◉ 唐振江／摄

● 2009 年 1 月 15 日

农历腊月二十这天，一对情侣在西安火车站告别。

◉ 唐振江／摄

农历腊月十八这天，蚌埠市长途汽车中心站"瑞青班"在为乘客提供免费盒饭服务。

◉ 陈昂／摄

免费盒饭领取处

凡购买中午12:00点至13:00点的班车，里程在100公里以上，可以凭票免费领取盒饭一份。

第三章

● 2009 年 1 月 13 日

　　农历腊月十八，蚌埠火车站。回家过年的人们，背着的编织袋是最好的行李袋。

◉ 陈昂／摄

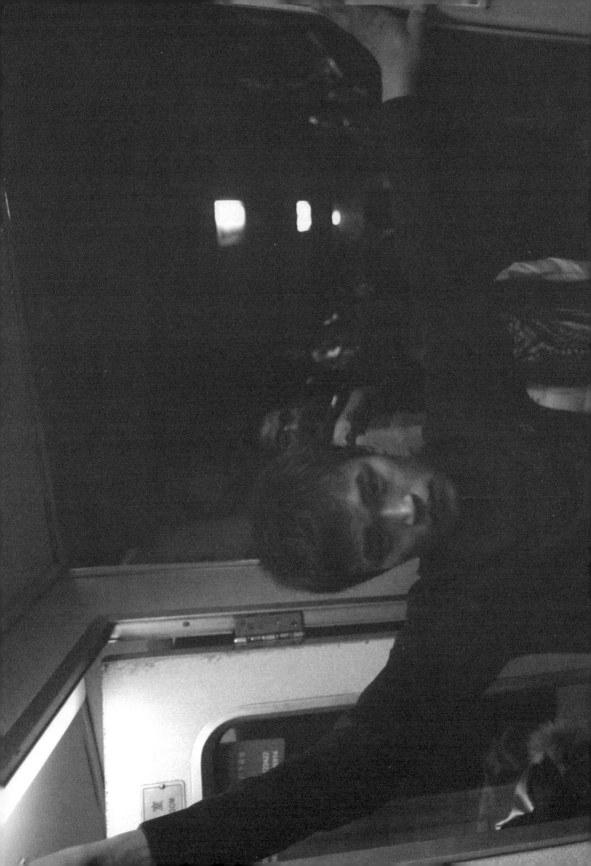

● 2009 年 1 月 16 日

北京西站回家列车上（买不上坐票）蜷缩在过道上休息的乘客。

● 杨登峰／摄

第三章

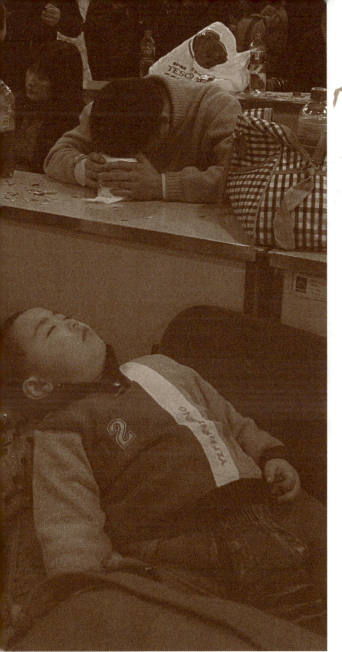

● **2009 年 1 月 21 日**

　　农历腊月二十六，北京西站临时候车点休息的乘客。因为奔波劳累，一位母亲和她的两个孩子睡得很香。

◉ 杨登峰／摄

● **2009 年 1 月 24 日**

　　农历腊月二十九晚上的返乡列车准备开出。（前方，亲人已在期盼，已经坐上列车的乘客难掩喜悦之情。）

◉ 邱焰／摄

第二章

● **2009 年 1 月 31 日**

农历正月初六，安徽合肥火车站站台上，一男子焦急地寻找自己的同伴。

◉ 吴芳／摄

● **2009 年 2 月 4 日**

农历正月初十，这天立春，长沙火车站站台，客运员徐蓉在通道中引导旅客上车，行色匆匆的人流托举出她值守的身影。

● 郭立亮／摄

第三章

● 2009 年 2 月 5 日

　　农历正月十一，一对带小孩回湖北的夫妻因没有买到座位票，客运员陈小勇和谭力锋热情地帮助他们上车，并请车长安排照顾。

◉ 郭立亮／摄

● 2009 年春运

　　北京西站售票处，彻夜排队的买票者。

◉ 杨登峰／摄

第四章

2010-2019
春意盎然

2010 ~ 2019 春意盎然

2010 年至 2019 年期间，中国春运规模持续高位运行，但出行方式呈现出前所未有的多样化发展态势。

2009 年时，绿皮车还是春运的主力军，它速度较慢，车厢拥挤闷热，旅途的疲惫常常写在每一位乘客的脸上。但在 2019 年，复兴号等高速列车纷纷投入春运，其舒适的座椅、宽敞的空间、稳定的车速以及先进的设施，让回家的路变得更加快捷、舒适和惬意，极大地提升了人们的出行体验。

飞机的航线不断增加、航班更加密集，自驾出行也越来越普遍，多样化的出行方式为人们提供了更多的选择，使春运不再局限于单一的铁路运输，而是形成了陆、空等多种交通方式协同发展的局面。

人们的出行观念也在发生着深刻转变。"反向春运"现象愈发普遍，越来越多的老人与孩子选择前往大城市与家人团聚，体现了家庭团聚方式的创新与人口流动方向的新变化。

与此同时，"旅游过年"成为新时尚，大量家庭选择在春节假期外出旅游，国内游、出境游市场火爆，既反映了居民消费观念的转变与生活品质的

第四章

提升，也带动了旅游市场与交通、餐饮、住宿等相关产业的协同发展。

看着如今这多样又便捷的春运场景，心中总会涌起一股暖流。那些曾经艰难归乡的记忆并未消散，反而成了对比今日美好的珍贵底色，让我们更加珍惜眼前这轻易就能踏上归程的幸福。

因为我们深知，这每一种出行方式，都是连接我们与家乡、与亲人的爱的桥梁，无论走得多远，无论世界如何变化，这份跨越千山万水也要相聚的情感，永远是岁月里最动人的乐章。

● **2010 年 1 月 21 日**

　　农历腊月初七，为避免旅客扎堆在铁路天津站购票，该站特别搭建了春运车票临时预售处，并于当天投入使用。天津站临时预售处位置在世纪钟附近，原龙门大厦对面，毗邻建国道，其占地面积约 5000 平方米，设有 20 个售票窗口，临时售票处的 1-5 号为学生售票专口，6-18 号窗口预售各类车票，19-20 号窗口发售 C、D、Z 字头车票。预售处限售车票张数，每人硬卧 3 张，硬座 5 张。

◎ 杨宝森／摄

第四章

● 2010 年 1 月 30 日

　　农历腊月十六，春运第一天，合肥火车站站台已是水泄不通。

◉ 吴芳／摄

● **2010 年 1 月 30 日**

农历腊月十六这天，来自四川凉山州勤劳肯干的"春运母亲"巴木玉布木正背着大包、抱着孩子在南昌火车站匆忙赶车。

◉周科／摄

不幸的是，当时照片中巴木玉布木怀抱的女儿回家后不到半年就因病去世。

　　巴木玉布木曾经和亲戚、乡亲结伴务工。最后一次外出是 2022 年 5 月底，在深圳一家电子厂打工。工厂包吃住、计件发薪，她每个月能挣近 4000 元。丈夫巫其石且在深圳的建筑工地务工，月收入也有 4000 元左右。依靠国家脱贫政策和勤勤恳恳的劳动，2020 年夫妻俩成功脱贫。

第四章

当看到水泥公路铺进村子，特色产业不断兴起，他们在 2023 年的春节带着积蓄返乡创业，流转了 20 亩左右土地种植烤烟。在夫妻俩精心劳作下，2023 年收获烟叶 2.28 吨，2024 年产量更是达到 3 吨，仅此一项，年收入就超过 9 万元。

● 2010 年 1 月 30 日

农历腊月十六为春运首日，图为北京西站大屏幕上滚动的车次信息。

◉ 杨登峰／摄

第四章

● 2010 年

春运期间，某地工会助农民工平安返乡。

◉ 杨登峰／摄

● **2010 年 2 月 3 日**

　　农历腊月二十这天的武昌火车站，
一名妇女抱着她的孩子在等火车。

◉ 邱焰／摄

第四章

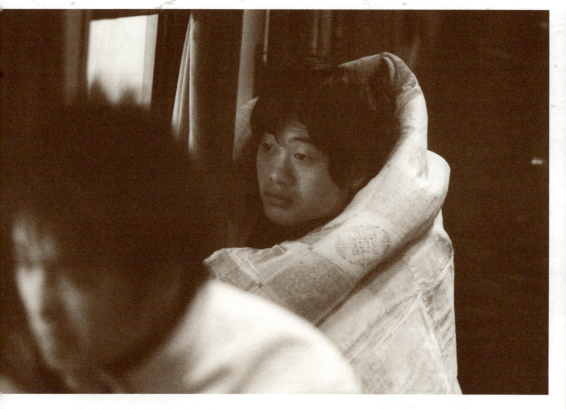

● **2010 年 2 月 5 日**

　　临近年关，由上海开往阜阳的列车上，天刚亮，一名旅客裹着被子，望着列车前进的方向。

◉ 陈昂／摄

第四章

● 2010 年 2 月 5 日

农历腊月二十二，合肥火车站内，一群乘务员前往换班。

◉ 吴芳／摄

● **2010 年 2 月 8 日**

　　农历腊月二十五，一列从合肥开往阜阳的列车上，因为空间狭小，一个女孩搂着男朋友来维持站立。

◉ 吴芳／摄

第四章

● 2010 年 2 月 24 日

　　农历虎年正月十一，湖南湘西永顺县汽车站，县有关部门在车站挂起了"打工者光荣　打工者是物质财富的创造者"的横幅。这些等不及和家人过完正月十五的年轻人，又纷纷外出打工了。

◉ 毛尚文／摄

● **2010 年 2 月 25 日**

农历正月十二，湖南湘西州边城镇的茶峒地处湘黔渝三省市交界处，"一脚踏三省"。沈从文小说《边城》把茶峒优美的风景、善良的风俗和淳朴的人情等融为一体，勾画出田园牧歌般的边城风貌。图中为等待传统拉拉渡的母女仨，你从她们身上看到当年"翠翠"的影子了吗？

◉ 毛尚文／摄

第四章

● 2010 年 2 月 28 日

元宵节这天，湖南省长沙火车站广场，旅客从"和谐春运"的海报前走过。

◉ 郭立亮／摄

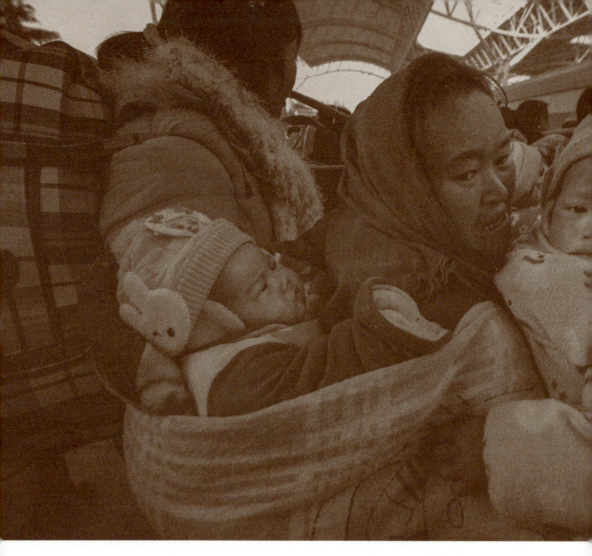

● 2011 年 1 月 9 日

　　农历腊月初六，安徽合肥火车站站台上，一位母亲背着两个孩子艰难地登车。

◉ 吴芳／摄

第四章

● 2011 年 1 月 17 日

　　农历腊月十四，旅客在铁路上海南站排队购票。

◉ 钮一新／摄

农历腊月十六为春运首日，图为北京西站临时售票窗外买票的旅客。

◉ 杨登峰／摄

第四章

● 2011 年 1 月 19 日

在临时搭建的北京西站售票大棚内，售票员一字排开售票。

● 杨登峰／摄

● 2011 年 1 月 19 日

在北京西站临时售票窗口，旅客排队购票，吃力地与售票员说话。

● 杨登峰／摄

● 2011 年 1 月 19 日

春运首日，北京西站的清洁工正在清洁扶梯。

◉ 杨登峰／摄

● 2011 年 1 月 19 日

春运首日，北京西站客运车间"036"候车室值班员王凤莲在服务需要特殊照顾的旅客。

◉ 杨登峰／摄

"036"最早起源于北京北站。20 世纪 70 年代起，胸牌号是"036"的客运服务员李淑珍在北京北站热情帮助南来北往的旅客，大家不知道她的名字，只记住了"036"这个号码。

后来，李淑珍退休了，但"036"却在延续发展，从个人到一个个小集体，进而扩展到一个大群体。1999 年，北京西站"036"候车室由此命名。随后，王凤莲等人相继成为"036"精神的承载者，让"036"这个数字在旅客的心中熠熠生辉。

● 2011 年 1 月 26 日

　　农历腊月二十三，北方小年这天，蚌埠火车站站台上，食品售卖车为绿
皮车旅客提供服务。

◉ 陈昂／摄

● **2011 年 1 月 26 日**

和如今人手一部手机相比，十几年前，书是旅途中最好的伴侣。

◉ 陈昂／摄

第四章

● 2011 年 1 月 26 日

　　由上海开往安庆的绿皮车上，一位父亲不停和娃娃说："快到了！
快到了！"

◎ 陈昂／摄

● **2011 年 1 月 28 日**

农历腊月二十五，铁路天津站 2011 年春运预计上车旅客 243 万人，同比 2010 年增加 42 万人，其中在津务工人员、外地农民工所占比例较大。2011 年春运较上一年提前 11 天，客流相对集中，使得节前学生流与农民工流、探亲流多流叠加，呈现春运"高峰更高"特点。

◉ 杨宝森／摄

● 2011 年 1 月 28 日

　　农历腊月二十五这天，合肥火车站站台上，一位从北京前往无为转车的
女子突然昏厥，车站工作人员紧急展开救援，随后将其送医院抢救。

● 吴芳／摄

● **2011 年 2 月 10 日**

年初八，为了让旅客安全返程，北京火车站、地铁站工作人员连夜清扫路面积雪，保证道路畅通。

◉ 杨登峰／摄

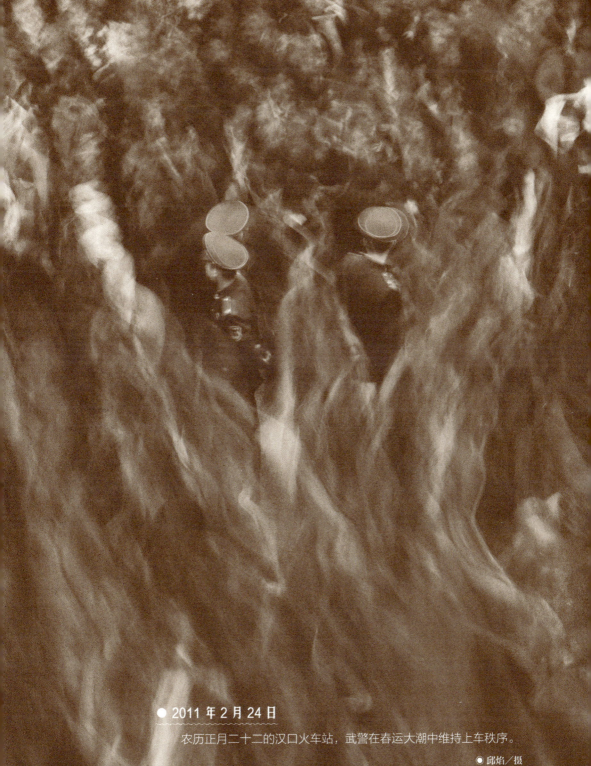

● 2011 年 2 月 24 日

　　农历正月二十二的汉口火车站，武警在春运大潮中维持上车秩序。

● 邱焰／摄

● **2012 年 1 月 6 日**

农历腊月十三，安徽合肥火车站站台上，一对情侣告别。当天合肥

各大高校陆续放假，合肥火车站迎来春运前一波客流高峰。

◉ 吴芳／摄

● 2012 年 1 月 7 日

　　农历腊月十四，在春运开始前一天，西安铁路局迎来春运首个
客流高峰。图为旅客在西安火车站售票大厅排队购票。

◉ 唐振江／摄

● 2012 年 1 月 10 日

农历腊月十七，北京一工地旁，一场为农民工春节返乡举行的活动
即将开始。

◉ 杨登峰／摄

第四章

● **2012 年 1 月 10 日**

在欢送农民工平安返乡活动现场，一阵沙尘暴掠过工地。

◎ 杨登峰／摄

● 2012 年 1 月 20 日

　　农历腊月二十七，四川省成都市，随着春节的临近，返乡旅客的脚步也愈发急促。当日，城区客运站运送客流量达 30 万人次，成为历史上最繁忙的春运高峰，城区一些客运站不得不暂停售票。图为北门汽车站内，上万名旅客排着长龙，准备乘车回家过年。

◉ 成商／摄

第四章

● **2012 年 1 月 21 日**

　　农历腊月二十八，在武汉市汉口火车站，正值春运高峰期，透过栏柱看过去，脚步匆忙的人们正涌入候车大厅，期盼早些到家团圆。

◉ 邱焰／摄

● **2012 年 2 月 11 日**

　　农历正月二十的天津站，疲惫的乘客扛着大行李箱在人群中挪动。

或许因为早起赶车，禁不住打了个大大的哈欠。

　　　　　　　　　　　　　　　　　　　　● 杨宝森／摄

第四章

● **2013 年 1 月 26 日**

　　农历腊月十五，春运第一天，北京西站大厅内，背着行李准备踏上归途的打工者。

◉ 杨登峰／摄

● **2013 年 1 月 26 日**

农历腊月十五的合肥火车站广场上，几个民工簇拥着熟睡。春节是中华民族最具生活情感与生活理想的节日，回家的路无论如何艰辛，但回家的心依然不变。

◉ 吴芳／摄

第四章

● **2013 年 2 月 6 日**

农历腊月二十六的西安火车站，工作人员在临时搭建的候车棚前维持进站秩序。

◎ 杨登峰／摄

● 2014 年 1 月 14 日

　　农历腊月十四，在山西太原火车站候车大厅内，四川籍农民工赵虎与妻子仕珍带着全家福照片返乡。赵虎与仕珍在山西代县一铁路工程打工有 6 年之久，2013 年仕珍过生日时，远在浙江打工的孩子专程来到山西为母亲庆祝，并拍下了这幅全家福，这是赵虎全家人两年内第一次团聚。2013 年底，赵虎打工的铁路工程顺利完工，他们与远方的子女相约 2014 年春节在家乡团聚，于是赵虎与仕珍避开春运高峰，提前踏上归途。赵虎说，他们返乡后将不再来山西，年后将去广东打工，这幅全家福将伴随着他们两口子一路漂泊。

● 韦亮／摄

● 2014 年 1 月 17 日

　　农历腊月十七，深夜 23 时 54 分，浙江宁波开往四川成都的列车餐车里，列车员邹旭在默默许下生日愿望。这天是邹旭的生日，在最后几分钟内，他收到了同事送来的生日蛋糕。

◎吴芳／摄

● 2014 年 1 月 18 日

　　农历腊月十八浙江宁波至四川成都的列车上的乘务员在卖早餐。熬过一宿后，饥肠辘辘的乘客纷纷把目光投向餐车，但购买者寥寥。

◎吴芳／摄

第四章

● **2014 年 1 月 31 日**

在阖家团圆的除夕夜，列车员特意端来热腾腾的饺子，送给尚在旅途中的旅客们吃。

◉ 郭立亮／摄

● 2014 年 1 月 31 日

　　列车上的除夕夜，列车工作人员和旅客在包饺子，大家欢聚一堂过
大年。

◉ 郭立亮／摄

　　在一年一度的春运大潮中，列车员是一个最不为人瞩目的群体，相
比旅客们一年一次的挤车经历，列车员们不是在人挤人的列车中，就是
在前往列车准备挨挤的路上，他们顾不上家庭、顾不上孩子，春节的大
部分时间都是在列车上度过。

第四章

● **2014 年 1 月 31 日**

在万家团圆的除夕夜,记者登上 K9031 次(长沙至张家界)列车,跟
许多旅客一样亲身体验过年回家的感受,用镜头记录下列车上的大年夜。

◎ 郭立亮／摄

● **2015 年 2 月 3 日**

农历腊月十五的合肥火车站
广场,三个穿着时尚的女孩在赶车。

◎ 吴芳／摄

第四章

● 2014 年 2 月 5 日

农历正月初六这天，陕西西安迎来降雪天气，旅客在西安火车站乘车出行。

◉ 唐振江／摄

2015 年无锡汽车客运站
春运服务日记

喜气洋洋迎新春　情意浓浓暖客心

今天是春运首日，尽管室外寒风料峭，但车站候车室内处处充满了节日的氛围，"看着这些大红灯笼、喜庆的中国结，就感觉新年越来越近，年味越来越浓了。而且今天到车站乘车还能看演出，真的很开心啊。"正在候车的旅客纷纷表示。

而此时二楼候车室的一角，车站工作人员正为旅客提供现场咨询宣传活动，主要就车站多种购票方式，特别是网上购票、银行网点等便利渠道进行了推介，时刻表《乐途》杂志、手机购票等宣传页都格外引人注目，引来众多旅客翻阅咨询。"1月20日—2月19日期间，在农行各网点自助终端购买汽车票就可以享受九折优惠。"听到这个好消

第四章

息，正准备购票的李先生立刻大赞实惠。同时，许多旅客对车站官方微信购票也很感兴趣，工作人员便引导旅客"扫一扫"关注微信推送信息，及时了解微信购票的线上动态。车站的机票销售和机场大巴服务同时进行了推广，增加了业务的知晓率。

早上9点50分，航站楼工作人员陈旭为乘坐浦东机场大巴的旅客送上可爱的羊驼公仔，小逸轩拿到公仔后爱不释手，用稚气的嗓音说着，"妈妈，这个好可爱啊，我们把它带回家吧。"而同样乘坐这班车的蔡阿婆也露出了灿烂的微笑，对着陈旭连连道谢，"你们真有心，谢谢了。我正好去机场接回国过年的小孙女，这个刚好可以给她当礼物了。"在他们看来，他们不仅仅是来坐车的旅客，更是被当成了朋友，当成了家人。

目送班车开走后，陈旭刚回到工作岗位就接到了旅客刘女士的电话预约，请求帮助运送行李，陈旭跟刘女士确认后便马上推着行李车来到出租车到达处，并将行李推到了三楼候车室，她热心细致的服务得到了刘女士的充分肯定。

这项服务是航站楼在今年2月起新推出的预约推车服务，当乘坐浦东、虹桥机场巴士旅客行李较多时，就可以提前拨打热线电话81018787提出预约。"在以后的服务过程中，我们会根据旅客需求适时推出新的项目，真正解决旅客所需，真正做到与上海机场的同步服务，真正让更多的旅客满意我们的服务。"她们的用心，在这样一个喜气洋洋的日子里深深温暖着每一位旅客的心。

2015 年 2 月 7 日　星期六　天气：晴

车站的"美丽名片"

随着春运大幕的拉开，新春佳节的年味也渐渐浓烈起来，对所有的中国人来说，年三十的那一顿年夜饭包涵了多么重要的意义自不必说，能与家人围坐桌边共叙家常、共享团聚的喜悦与兴奋更可谓人生一大乐事，然而就是这样稀松平常的天伦之乐对一些人来说却是奢侈。他们为了让更多背井离乡在外打拼的游子能够顺利踏上返乡之路，舍弃了与亲人相聚的机会，一直坚守在平凡的岗位上，付出着自己，成全着他人。

晏慧，就是其中之一。

在无锡汽车客运站的总服务台前，笔者见到了这个性格开朗又不失稳重的姑娘，脸上永远绽放着恬静美好的笑容，是那样沁人心脾，宛如一张生动的车站名片，为南来北往的旅人指引着方向。

晏慧虽已不是车站的新面孔了，但接手服务台的工作却仅有一个月的历程。由于这份工作的特殊性质，晏慧每天凌晨 4 点就要离开温暖的被窝，梳妆更衣，迎着第一道晨曦开始一天的工作。

第四章

随着车站各种便民措施的不断增加,服务台的服务流程及项目也相应地出现了"涨势",承担着班次查询、快客班车换票、电话订票取票、车站广播服务、网上购票服务、公交线路站点咨询、航站楼业务咨询、自助售票机和取票机操作指导以及儿童乘车申报等多方面职责,如何在最短的时间内最快速地熟悉和掌握这些服务内容,从容地应对"春运大军",成了晏慧最关心的问题。

进入春运以来,服务台的人流量明显增多,每天都要接待旅客将近 5000 人次,工作人员不仅要一个接一个不停地对旅客的咨询求助进行回复,有时还要同时应对来自两个方向提出的不同问题,甚至还会遇到刁钻古怪的无理纠缠,这无时无刻不考验着一名服务员的专业水准和职业精神,但在晏慧身上展现出的都是耐心、细心、热心的"三心"服务,因为她相信,凭着这"三心",即使百炼钢也有化为绕指柔的时刻。对待工作,晏慧表现出的责任心与敬业精神令人称赞;谈及父母,却让这个外表坚强的姑娘红了眼眶。

晏慧的家乡在高邮,虽离无锡不算太远,但由于工作关系,回家的路总是那么漫长,仔细算来,她已有 7 个年头没有在家过年,没能陪着养育她的父母及亲人一起高高兴兴地吃上一顿团圆饭了。

每当贺岁的礼炮响起,新年的钟声敲响之时,她只能躲在被窝里默默擦拭着眼泪,让思乡的情绪缓缓流淌,带着对亲人的思念朝着家的方向倾诉魂牵梦萦的衷肠。

也因此,她对"年夜饭"有种非常特别的情结,既充满了期待,又做足了不得实现的心理准备,一年又一年,以跟父母通电话时,电话这头的她憋足了气儿忍着不哭作为独特的"团圆饭"结束旧年,翻开新年……然而无论多么想家,只要站在自己的工作岗位上，晏慧永远是以甜美的微笑、动听的声音和热情周到的服务示人，让所有前来咨询求助的旅客能愉快地在这张"美丽名片"的指引下找到需要的答案。

犹然记得有一次碰到一位持着动车票前来咨询乘车事宜的外国友人，由于语言不通的关系，晏慧迟迟无法顺利地与对方沟通，心焦的她最终在一位比较熟悉英文的同事协助之下才成功解决了此事，也因此触发了她努力学习外语的决心，以求在下一次遇到类似情况之时能够及时、独立地帮旅客答疑解难，真正地实现"让旅客快乐行一程"的服务承诺。

腊月的尾声渐至，日历又将开启崭新的一页。思乡的旅客步伐匆匆，归心似箭，而为他们铺就返乡坦途的，正是这些默默无闻、无私奉献的客运人，他们以朴实的行动践行着"为更多的旅客服务，为旅客服务得更多"的宗旨，以"舍小家、顾大家"的敬业精神始终坚守在一线岗位上，谱写着一曲曲感人至深的春运赞歌！

2月14日　星期六　天气：晴

当春运遇上情人节 有家人相伴很温暖

2月14日是西方的情人节，男孩儿们早早的开始准备起了礼物，女孩儿们则为穿哪套衣服赴约而发愁，就连不过节的人们也是惬意地享受这久违的周末，而对于营销中心的佟伟来说，当春运遇上情人节，平常而又忙碌的一天开始了……

早上5：00，当大部分人还沉浸在甜美的梦乡中时，佟伟正在为新的一天做着准备。从去年开始，无锡汽车客运站营销中心就将"车头向园、车头下乡、车头向厂"作为营销的重点，考虑到各大公司春运期间大量集中乘客返乡的需求，营销中心特地开通上门发车服务，让更多的旅客享受到了便捷的乘车服务，今天正是由佟伟与他的工作伙伴们一起，亲自上门为爱博服饰有限公司员工发车的日子。

早上5：30，天微微亮，爱博服饰有限公司的门口俨然成了一个小型汽车站，佟伟与工作人员们一起为旅客进行安检及检票服务，2月中旬的寒风吹得人瑟瑟发抖，但每一位乘客的心却是滚烫的，辛苦了一整年，终于能够拿着辛苦赚来的积蓄与家人团聚，想到这里，每一位乘客脸上都洋溢着幸福的微笑。

早上6：00，班车启动，旅客们踏上了回乡的旅途。目送着渐行渐远的大巴，佟伟的背影在朝阳的映衬下，多少显得有些落寞，原来这已是他工作以来参加的第7个春运，也是他没有回家与家人团聚的第7年，每年看着踏上返乡之旅的旅客们，来自东北黑龙江的小伙也难免暗自神伤。父母的身体是否真如电话中所说那样健康？从小玩到大的小伙伴们过得怎样？家乡的饭菜还是以前的味道吗……7年来，多少的疑问在他的心头打转，但他依然坚守在自己的岗位上，因为他知道，他的工作更需要他！

中午12：00，随便吃了点东西的佟伟又投入到了下午的工作之中，由于春运期间客流量的急剧增多，他被安排在了三楼的 36 号检票口帮忙，笔者来到三楼时，早已被黑压压的人群弄乱了脚步，好不容易挤开人群，看到的是佟伟满头大汗的脸庞。"我已经跟您解释过了，您的免票孩子没有提前申报，请在旁边稍等一下……""您坐的是下一班车，请您等一下，注意我们的广播。"高峰

时 5 分钟一班车的频率，归心似箭的旅客，拥挤嘈杂的候车环境并没有乱了佟伟的阵脚，他依然一遍又一遍地耐心解释，确保每位旅客的平安归途。

下午 5: 00，忙了一天的佟伟早已疲惫不堪，他满脸倦容，收拾东西准备回家，这时却接到了父母的电话，正想着该如何解释今年又回不了家的情况时，电话那端传来了激动的声音："儿子，我和你妈坐了几十个小时的火车来无锡陪你过年啦，你在哪儿啊? 我们想死你了。"片刻的寂静之后，佟伟只说出了这几个字："爸妈，我也想你们。"笔者原以为得知此消息的他一定是欣喜若狂，却因为他出奇的淡定而感到不解，再仔细一看，红了的眼眶，微微颤抖的手，原来他只是在压抑多年来的思念。

下午 6: 00，接到父母的佟伟再也抑制不住内心的喜悦，与父母相拥而泣，7 年来的委屈，7 年来的思念都在此刻得到宣泄，如此温馨的画面我也不便多作打扰。

这 7 年，他是以怎样的心情来度过春节的我们不得而知，而如今，当春运遇上情人

第四章

节，有父母的陪伴，这一定会是他最温暖的双节。

奋斗在一线的外地准妈妈们

在春运一线有着这样一群执着的准妈妈们，她们用自己的实际行动情系车站，在平凡的岗位上尽职尽责、任劳任怨、忘我工作，彰显了客运人的执着和坚守。

沈琦，江苏连云港人，28岁，进单位已有7年；怀孕4个月，"您好，请问要去哪里"……一系列询问旅客购买车票的话，春运期间，她每天都要重复上千次，但她总是那么耐心，有时忙起来连上厕所的时间都没有，实在是饿得受不了了，也只是躲到角落快速地咬几口面包，生怕耽误旅客们的时间，相对于常人来说，孕妇要承担的很多，但她从来没有一句怨言。平时的她也是勤学苦练，硬背每个地方的站名编码、开车时间、票价，加快售票速度，俨然成了一台"活电脑"。

黄少华，江苏南通人，29岁，进单位已有6年；怀孕6个月，一个性格开朗热情的外乡人，单位的同事都亲切地称她"华仔"。"独在异乡为异客，每逢佳节倍思亲"正是她的真实写照。工作中，她始终严于律己，不管身处哪个岗位，也不管自己怀有身孕，一直积极进取，争创一流；她觉得作为一名合格的售票员，耐心地讲解与微笑的服务是必不可少的，"遇到旅客高峰期，我们能做的只有不停地售票。虽然这样比较累，但能按照旅客的需求为其提供车票，能为他们归乡之途奉献一份微薄的力量，再辛苦我也愿意。"

代中兰，云南人，28 岁，进单位 8 个月；还有一个多月她的宝宝就要出世了，尽管每天拖着笨重的身子行动不便，但她选择的依然是坚守在售票的岗位上。在她的眼里，多卖一张票就意味着多一份开心，多一个家庭能够团聚。就是这样一个实实在在的人，时刻秉承着"为更多的旅客服务，为旅客服务得更多"的宗旨，面对任何旅客的询问绝不

推诿，遇到不清楚的也是虚心请教，小小的个子传递出的却是巨大的能量，她将微笑留给他人，将热情献给工作，"我想我肚里的宝宝一定会为妈妈感到自豪！"

奋斗在一线的外地准妈妈们是辛苦的，但她们也是幸福的，对于旅客们来说，春运的归途中充满了等待，等待一张车票，等待汽车的开动，等待与亲人的团聚，而对于她们来说，虽牺牲了自己与家人团聚的时光，却能与自己的宝宝一起见证他

人的幸福，这又何尝不是一种快乐呢！

2月25日（初七） 星期三 天气：小雨

属于客运人的春运"舞台"

年年岁岁春运潮，岁岁年年客运情。今天是节后第一天，春晚成为人们讨论的热门话题，而在这七天假期里，无锡汽车客运站里属于客运人的春运"舞台"也在上演着一个又一个精彩的故事。

情景一：温暖回家路

2月17日，一位将近90岁的老太太拄着拐杖在人群中颤颤巍巍地移动，这吸引

了安检组长阚晓玲的注意，她主动上前扶住老人。"您好，您去哪儿啊，有家人陪伴你吗？"老人指了指后面，只见一个中年人提前大包小包急急忙忙走了过来，"您知道哪里可以补票吗，我们还没买到票。"

阚晓玲一听，连忙说："别急，我带你们去。"说完就带着他们去补票窗买好了票，并将母子二人带到了检票口护送老人上了车，老人儿子非常感动，连连感谢，而阚晓玲只是笑了笑，便又立即投入到了工作中。

情景二：别急，我带你找妈妈

2月18日，车站二楼电梯旁有一个拎着几个小包的十岁左右的小男孩正来来回回地走着，远远看去，就能察觉出小孩非常着急。热心的快客组组长沙小红看到后立即上前询问，原来小朋友老家在泰兴母亲是名残疾人，常年在无锡打工，今年春节，孩子孤身一人特地从老家赶赴无锡与母亲

团聚："妈妈的残疾车进不了车站，她说在红绿灯那等我，可是我怎么也找不到，妈妈该着急了。"

小朋友说着说着就哭了起来，沙小红忙安慰道："别急，我带你找妈妈。"不一会儿，他们就有了发现，人群中孩子的妈妈格外显眼，只见她坐在残疾车上，伸长了脖子，焦急地寻找着自己的儿子。当看到儿子被车站工作人员送过来时，连忙说："谢谢你，同志，非常感谢，我都担心儿子会找不到，由于我腿脚不便，进不去车站，太感谢你了。"沙小红只是微微一笑："没事，举手之劳。"

情景三：银行汇票遗失候车室

2月22日，检票员吴琦在离自己检票区域最近的座椅上发现了一个黄色文件袋，她小心翼翼地打开袋子查看物品，发现里面装有近十张的银行存兑汇票，不知哪位粗心的旅客丢了，肯定很着急，想到这，她第一时间交到值班室，并通过广播寻找失主。

第四章

不一会儿，旅客张先生匆匆赶来，"我一心挂念着家中卧病在床的老母亲，想早点回家照顾她，差点把救命钱都给忘了，这对我太重要了，真是幸好有你们啊。"吴琦只是微笑地摆了摆手："没事的，先生，这都是我们该做的。"

莫道今年春还尽，明年春色倍还人。

春运的舞台上，一个我加一个陌生的你，再加一个陌生的他，才组成了各种温暖的演出，虽然简单，却是最动容的。

都说"台上一分钟，台下十年功"，客运人又何尝不是如此，他们收起倦容，藏起疼痛，只为以良好的面貌奉献给旅客们一台精彩的客运"春晚"。

将掌声献给他们，最美的客运人！

诸怡 王晶 王聪 周宇灵 黄少华 张怡霞 荣珏 吴琦

● 2016 年《工棚里的礼物》

2016 年春运的大幕已拉开。

浩浩荡荡的春运大军中，进城务工的 2.74 亿农民工兄弟也陆续踏上了回乡的旅途。他们中的很多人都会在回家前，给家人捎上一份精挑细选的过年礼物。哪怕回家路漫漫，他们也义无反顾地带着这份沉甸甸的爱，为的是亲人脸上那甜蜜蜜的笑。

◉ 王伟伟／摄

【人物】于栋梁，37 岁
【礼物】一台移动电视机

【人物】李守归，52 岁
【礼物】给妻子的一条项链

【人物】叶开玄，45 岁
【礼物】给自己的裤子

【人物】张成平，54 岁
【礼物】给父亲的一身衣服

【人物】李进，29 岁
【礼物】工程项目部颁给自己的奖状

【人物】冯兴，40 岁
【礼物】给妻子的衣服

【人物】廖吉远，40 岁
【礼物】给儿子和闺女的鞋子

【人物】胡从华，51 岁
【礼物】存有全年工钱的工资卡

【人物】钟明康，37 岁
【礼物】给女儿的零食

● **2016 年 1 月 25 日**

农历腊月十六，北京西站候车室内，排队的人群中一名女士打起了哈欠。

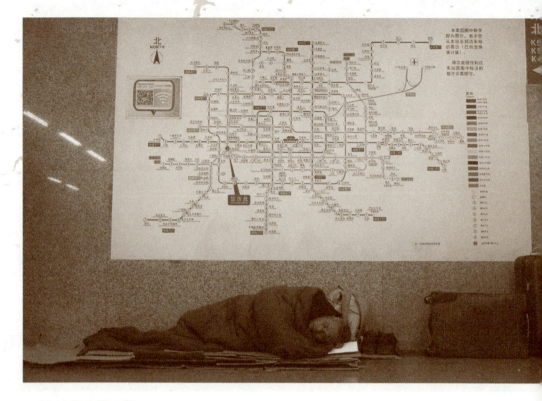

● **2016 年 2 月 4 日**

　　农历腊月二十六，北京西站的一处通道内，一名在此候车的务工人员裹着随身带的被子躺在废纸片上休息。

◉ 王伟伟／摄

● 2016 年 2 月 4 日

农历腊月二十六这天，北京西站的一处通道内，一名旅客正在休息。他将已经湿了的布鞋、袜子和鞋垫放在旁边晾干。

● 王伟伟／摄

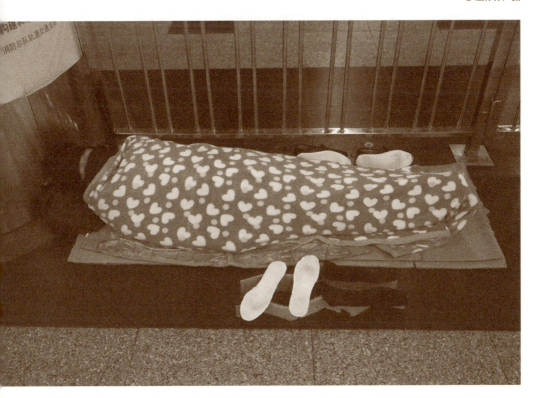

西宁—西安 ◎ 西安—韩城

我们一起回家

● **2017 年 1 月 7 日**

农历腊月初十当晚,春运首趟增开列车——西安至西宁 K4099 次列车从西安火车站发车,千余名学生和务工旅客踏上了返乡旅程。

◉ 唐振江／摄

第四章

● **2017 年 1 月 10 日**

　　农历腊月十三，北京西站检票口，来自安徽省马鞍山市的贾宏俊扛着一张全家福经过检票口。

●2017 年 1 月 12 日

农历腊月十五，无锡东站的"太湖明珠雷锋服务站"值班员蒋琳怡帮助旅客乘车。

●杨登峰／摄

●2017 年 1 月 13 日

春运首日，一列高铁的商务包厢内，座位仍然富余。

●吴凡／摄

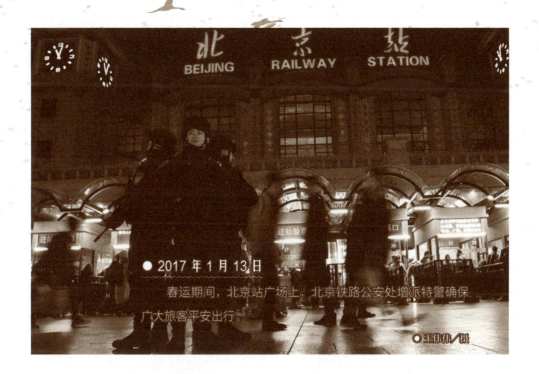

● 2017 年 1 月 13 日

春运期间，北京站广场上，北京铁路公安处增派特警确保广大旅客平安出行。

◎王伟伟／摄

● 2017 年 1 月 13 日

农历腊月十六的北京站，一名旅客拉着行李箱走在广场上。

◎王伟伟／摄

● 2017 年 1 月 16 日

农历腊月十九，上午 10 点多，合肥火车站候车大厅，一位从重庆回淮南的大爷伴随
着音乐跳起广场舞，吸引了不少旅客的眼光，两个孩子也跟着跳舞。

● 吴芳／摄

● **2017 年 1 月 21 日**

　　农历腊月二十四，南方小年这天，与广东接壤的湖南蓝山县南风坳春运交通安全检查服务站，工作人员为从广东打工返乡的"摩托大军"服务。那时候，春运期间从广东过境湖南往返的"摩托大军"约有 20 万人次。

◉ 毛尚文／摄

第四章

● **2017 年 2 月 4 日**

　　农历正月初八，合肥火车站广场入口处，在刺骨的寒风中，丈夫妥仁勤送妻子到火车站。合肥到宁夏老家有几十个小时车程，而这一别可能又要到下一个春节才能见面。妥仁勤不敢看妻子的眼神，害怕自己的眼泪流下来。突然，妻子将他的手拿到自己的脸上，紧紧地贴着。

◉ 吴芳／摄

● **2017 年 2 月 14 日**

　　农历正月十八，离春运结束还有七天，上班族姜京子（左二）乘坐的高铁
即将达到沧州站，一天的劳累让她不由得打起了哈欠。

◉ 杨登峰／摄

14+94.5+4=112.5，这是一道算术题，算的是姜京子上班所花的路费，加上返程，一天就是225元，一个月大概花费四五千元。

几乎每个工作日，家住河北沧州的姜京子都是早晨6时10分起床，洗漱、吃饭，6时50分下楼乘坐出租车前往沧州西高铁站，不堵车的情况下打车费是14元，赶在7时23分从沧州始发的G9004高铁出发前几分钟上车，58分钟后到达北京南站，高铁费用为94.5元。之后，跟着北京上班的人流挤上地铁，花费4元后，在9时15分左右到达位于北京西南二环附近的上班地点。下午下班后，她会倒着重复早晨的路线，在晚上8时40分左右回到沧州的家。

这样的跨省上班，姜京子已经坚持了一年。每天这样奔波，可以说是全家人权衡各种利弊后的决定。

2015年初，姜京子的老公李金泽所在的北京现代响应京津冀协同发展这一国家战略，在河北沧州建设第四工厂。作为公司骨干的李金泽被派往沧州参与筹建，那时他们刚满一岁的孩子留在北京由爷爷奶奶照看。坚持了半年后，夫妻俩觉得有必要认真地讨论如何解决两地分居的问题。

"她付出这么多，做的事让我钦佩！"李金泽对妻子做出的牺牲很是感念。他本想把一家老小都接到沧州，以姜京子的资历，在沧州找份工作应该不成问题。但已在北京生活了10年的姜京子不想离开经营了多年的平台去沧州重新开始。然而，为了一家人的团聚，她又不得不跟随丈夫前往沧州。正好那时，姜京子的一位师姐让她加入自己的公司，她一查地址，离火车站不远，每天有30多趟高铁列车经过沧州，习惯了长途上班的姜京子决定跨省上班。

姜京子2016年的部分车票

◉ 杨登峰／摄

第四章

　　"我觉得这没什么啊。"每当别人对她这一举动表示惊讶时，一向乐观的姜京子都笑呵呵作答。她也给我们算了笔账，交通费每月四五千元，减去这个成本，她在北京的收入也要比在沧州工作收入多。从时间上来说，跨省上班花在路上的时间大概是两个半小时，比她之前从东六环到单位的时间多了不到半小时。去年底，当她整理近一年的车票时，自己也感叹："能坚持这么长时间，我都觉得自己挺厉害的。"

　　对于每月高额路费，他们不是没有想过。"花销的确不少，但为了一家人在一起都值得，感情比钱重要"，姜京子很认同丈夫李金泽的这句话。最终他们也得到了父母的理解，带孩子和做家务都被老人承担。公司老板也对她进行了交通补助，让她能安心工作。

　　晚上8时15分，姜京子睡眼惺忪地走出沧州西站，早春的夜晚已没有多少寒意，她整理了下大衣，快步向停车场走去，步履轻盈，已没有了刚才的疲惫，因为她知道，十几分钟后，她将到家，家人正在等她……

● 2018 年 1 月 31 日

春运首日，无锡东站，两位乘车的小朋友在欢快地做着游戏。

◉ 杨登峰／摄

● 2018 年 1 月 31 日

　　农历腊月十五下午，在高铁无锡火车东站候车室，一名乘客吹干刚刚领到的"福"字，准备乘高铁回老家。这天是农历腊月十五，无锡东站以"不忘初心，只为您的体验更美好"为主题，开展义务写春联、音乐秀、互动游戏等活动，迎接春运到来。

●杨登峰／摄

● 2018年2月1日

农历腊月十六为春运首日，广东佛山市，成
千上万的"摩骑大军"将从这一天陆续开启返乡路。

● 王伟伟／摄

● **2018 年 2 月 1 日**

　　农历腊月十六，参加春运志愿服务的外国留学生在西安火车站广场自拍合影。当日，中国铁路西安局集团有限公司招募的 150 余名大学生春运志愿者正式上岗，其中包括来自哈萨克斯坦、古巴等国家的 10 名外国留学生志愿者。

◉ 唐振江／摄

第四章

● 2018 年 2 月 2 日

　　农历腊月十七春运第二天中午，西安机务段机车整备场，检修职工正在接近 0℃的严寒中检查保养客运机车车顶高压电器设备。

◉ 刘翔／摄

● 2018 年 2 月 3 日

　　农历腊月十八上午 10 时, 离开广东佛山 20 多个小时后, 返乡人苏文勇清理了一下头盔上的灰尘。他身后的南广高铁(南宁 – 广州)于 2014 年开通运营。但春运期间, 由于无法提前确定回家的日期, 他没有抢到票。

◉ 王伟伟／摄

　　2000 年前后, 春运运力短缺, 广东珠三角地区的农民工开始骑摩托车返乡过年, 高峰时有 60 多万人。历经十余年, 第一代摩骑大军正逐渐老去, 他们在为自己美好生活打拼的同时, 也见证了这里社会、经济的发展。如今, 随着时代变迁, 返乡的方式也更加多元, 摩骑大军的规模也在逐年减小。

第四章

● 2018 年 2 月 3 日

　　农历腊月十八下午 3 时 18 分，在距家不足 50 公里的县道上，苏文勇加快了车速。

● 王伟伟／摄

● 2018 年 2 月 3 日

　　农历腊月十八下午 4 时 34 分，经过 26 个多小时后，苏文勇顺利抵达老家。此时，妻子已经带着外孙女在村口迎接他的归来。

● 王伟伟／摄

● **2018 年 2 月 6 日**

　　农历腊月二十一清晨，数百辆外来务工者集体骑摩托车从中国石油福建晋江荆山加油站一起出发返乡过年。从 2012 年起，中国石油联合相关单位，利用中国石油国道、省道的加油站，为铁骑提供免费加油、免费热饭热菜、免费姜汤热茶、免费保险等帮助。图为铁骑返乡，国旗相随。

● 王东明／摄

● 2018 年 2 月 8 日

农历腊月二十三，又逢北方小年，由重庆开往乌鲁木齐的 K1583 次列车上，厨师刘岱丹利用休班时间下车厢为旅客表演魔术，引得车厢旅客大笑。

●包亮／摄

第四章

● 2018 年 2 月 21 日

农历正月初六夜晚，在海南省海口市秀英港码头，滞留车辆如"银河战舰"，有序排队登船离港。春节黄金周期间，琼州海峡遭遇 67 年不遇的持续性大雾天气，多次封航，导致上万辆车滞留港口。

◎ 张茂／摄

● 2018 年

　　为方便在粤务工人员骑车返乡，广东不少企业都组织了志愿者在沿
途为他们服务。图为中国石化龙山加油站一处服务点。

◉ 王伟伟／摄

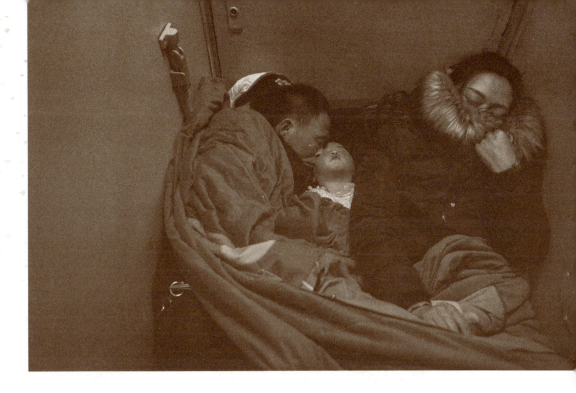

● **2019 年 1 月 18 日**

　　农历腊月十三，上海开往阜阳的 K8482 次列车上，米自安徽涡阳的王女士一家三口在车厢交界处的一个拐角熟睡。为了回家路舒适一些，他们特意准备了海绵垫子和被褥，伴随着滚滚车轮，进入梦乡。

◉ 吴芳／摄

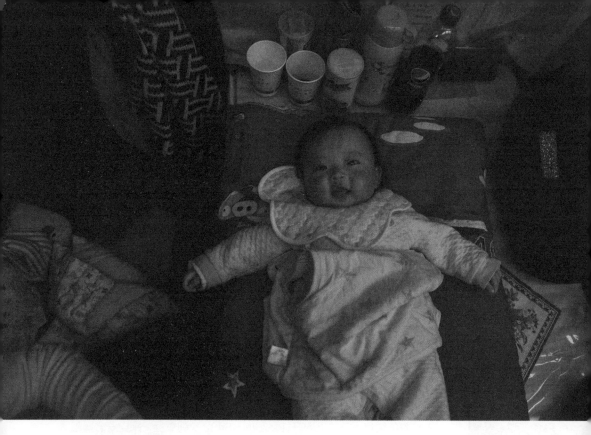

● **2019 年 1 月 18 日**

　　农历腊月十三这天，上海至亳州的列车餐车上，一个孩子被妈妈安顿在桌子上躺着，第一次体验春运，小家伙特别兴奋。

◉ 吴芳／摄

● **2019 年 1 月 21 日**

农历腊月十六下午的无锡东站，车站工作人员正在引导旅客有序乘车。

◉ 杨登峰／摄

● 2019 年 1 月 21 日

　　春运首日，重庆客运段青年志愿者扮演的福猪人偶和车厢内小朋友互动，营造了浓浓的新年氛围。

● 包亮／摄

● 2019 年 1 月 21 日

　　西南首趟"共青团号"北京西至成都 K4293 次增开列车乘务人员在北京西站 4 站台服务旅客。

● 胡志强／摄

● 2019 年 1 月 26 日

　　农历腊月二十一的西安火车头体育馆，西安机务段驻勉县漆树坝镇唐家坝村扶贫第一书记秦海斌（右二）正在向群众介绍山野菊花的口味、营养价值等优点。

◉ 刘翔／摄

● 2019 年 1 月 27 日

农历腊月二十二，在湖北省武汉市，一幅春运肖像被放置在春运中的汉口火车站出站口。这幅肖像照展示的是，2018 年 2 月春运期间，一对重庆夫妻在汉口火车站候车时，准备回老家过年的情形。

◎ 邱焰／摄

● 2019 年 1 月 27 日

　　在湖北省武汉市，一幅春运肖像被放置在春运中的汉口火车站候车大厅。这幅肖像照展示的是，2018 年 2 月春运期间，55 岁的王治余（左）和妻子在汉口火车站候车，准备回重庆过年的情形。

● 邱焰／摄

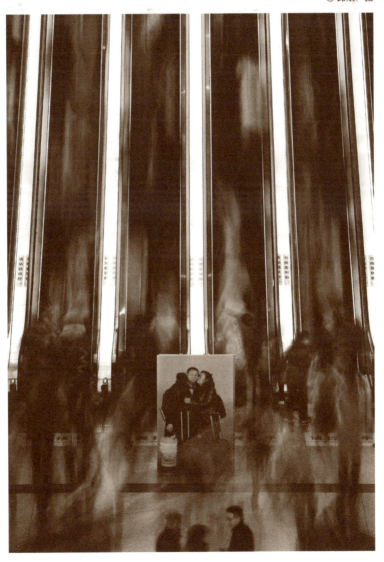

● **2019 年 1 月 30 日**

　　农历腊月二十五，在湖北省武汉市，一幅春运肖像被放置在春运中的汉口火车站候车大厅。这幅肖像照展示的是，2018 年 2 月春运期间，54 岁的王燕兰在汉口火车站候车，准备回孝感老家过年的情形。

◉ 邱焰／摄

第四章

● **2019 年 1 月 30 日**

在湖北省武汉市，一幅春运肖像被放置在春运中的汉口火车站列车信息显示牌前。这幅肖像照展示的是，2018 年 2 月春运期间，71 岁的杨仁泰在汉口火车站叼着免费火车票候车，准备回江苏扬州过年的情形。

◎ 邱焰／摄

● 2019 年 1 月 31 日

　　农历腊月二十六，在湖北省武汉市，一幅春运肖像被放置在春运中的汉口火车站出站通道。这幅肖像照展示的是，2018 年 2 月春运期间，一位老人在汉口火车站候车时的情形。

● 邱焰／摄

● 2019 年 1 月 31 日

　　在湖北省武汉市，一幅春运肖像被放置在春运中的汉口火车站候车大厅。这幅肖像照展示的是，2018 年 2 月春运期间，51 岁的伍春明在汉口火车站候车，准备回四川广安老家过年的情形。

● 邱焰／摄

第四章

● 2019 年 1 月 31 日

在湖北省武汉市，一幅春运肖像被放置在春运中的汉口火车站下站台的楼梯上。这幅肖像照展示的是，2018 年 2 月春运期间，一位妇女扛着袋子提着两桶鸡蛋在汉口火车站候车，准备赶火车回老家过年的情形。

● 邱焰／摄

● **2019 年 1 月 31 日**

　　在湖北省武汉市，一幅春运肖像被放置在春运中的汉口火车站站台上。
这幅肖像照展示的是，2018 年 2 月春运期间，72 岁的李常国在汉口火车站
候车，准备回湖北广水过年的情形。

◉ 邱焰／摄

第四章

在湖北省武汉市，一幅春运肖像被放置在春运中的列车上。这幅肖像照展示的是，2018 年 2 月春运期间，54 岁的杜建全在汉口火车站候车，准备回四川广安老家过年的情形。

● 邱焰／摄

第五章

2020-2024
冬尽春来

2020 年至 2024 年，是春运历史上特殊的五年，充满了挑战与变革。

　　2020 年新冠疫情突如其来，春运受到巨大冲击。人员流动大幅减少，交通枢纽变得冷清。人们为了防控疫情，纷纷取消出行计划，选择就地过年。

　　随着时间的推移，2024 年春运呈现出全新的面貌。这是疫情防控转段后第一个常态化春运，全社会跨区域人员流动量超 84 亿人次，创历史新高。客流高速增长，"人潮"带动"人气"，汇成一幅流动中国的长卷。

　　具体来说，2020 年疫情防控是春运工作的重点；2021 年春运客流量大幅下降，退改签比例高，机票价格跳水；2022 年春运客流总量中低位运行，节后出行相对集中，疫情防控压力较大；2023 年春运客流量回升，铁路、民航等恢复增长，高速小客车流量增长；2024 年春运客流量创历史新高，自驾出行成主流，文旅融合紧密，服务水平提升。

　　这五年，尽管疫情带来诸多困难，但始终无法阻挡中国人对除夕与家人团聚的执着和喜悦。在抗疫过程中，无数志愿者和医护人员冲在一线，为我们的生活提供保障，展现出无私奉献的精神。

　　这五年，我们在困难中前行，在挑战中成长。我们看到了国家的担当，人民的团结。我们怀揣着希望，迎接每一个新的开始。无论是在疫情的阴霾下，还是在春运的人潮中，家国情怀始终是我们前行的动力，给予我们温暖与力量，让我们相信未来会更加美好。

　　春和景明，万物勃发。又一个美好的春天正徐徐而来。

第五章

● 2020 年 1 月 9 日

　　农历腊月十五，夜晚的北京站，距离 2020 年铁路春运正式
启动还有不到 1 小时，不少人已经迫不及待来到检票口排队检票，
等待次日零时许，北京铁路局 2020 年春运开出的首趟加开列车。

● 王伟伟／摄

● **2020 年 1 月 10 日**

　　农历腊月十六中午 1 点 7 分，上海南开往重庆北的 K74 次列车到达彭水车站，担当值乘任务的重庆客运段在列车中部的餐车开展了普法活动和"招聘会"，听闻消息的返乡民众带着各自不同的需求，来到现场，期望得到解疑答惑。

◉ 包亮／摄

第五章

● 2020 年 1 月 10 日

　　农历腊月十六，在北京开往南通的 K4051 次列车上，购买硬
座票的旅客趁着人少时先躺一会儿。

◎ 王伟伟／摄

● 2020 年 1 月 15 日

　　农历腊月二十一，湖南省郴州临武县春运交通安全检查服务站。道路运输执法人员正在对春运车辆进行安全检查。几十年来，国家对春运的要求发生了由初期的"走得了、走得好"到后来的"走得安全、走得及时，走得好"的变化。

◉ 毛尚文／摄

第五章

● **2020 年 1 月 17 日**

　　农历腊月二十三，逢北方小年，湖南醴陵高速公路服务区。随着出行条件的不断改善，旅客随身携带的大件行李运输已经由过去的放在车顶转到现在的车底行李仓了。

◉ 毛尚文／摄

● 2020 年 1 月 26 日

大年初二，在陕西省宝鸡市凤翔县一路口，工作人员对途经的外地牌照车辆人员进行体温检测。

◉ 杨登峰／摄

● 2020 年 1 月 26 日

大年初二，在陕西省宝鸡市凤翔县一村口，村民正在设置路障，严禁外来人员和车辆进村。

◉ 杨登峰／摄

● 2020 年 2 月 2 日

年初九，正值疫情期间，北京站工作人员身穿防护服工作。

◉ 王伟伟／摄

● 2020 年 2 月 4 日

农历正月十一，湖南长沙，中南大学湘雅二医院国家紧急医学救援队驰援武汉。图为医护人员与家人道别。

◉ 郭立亮／摄

第五章

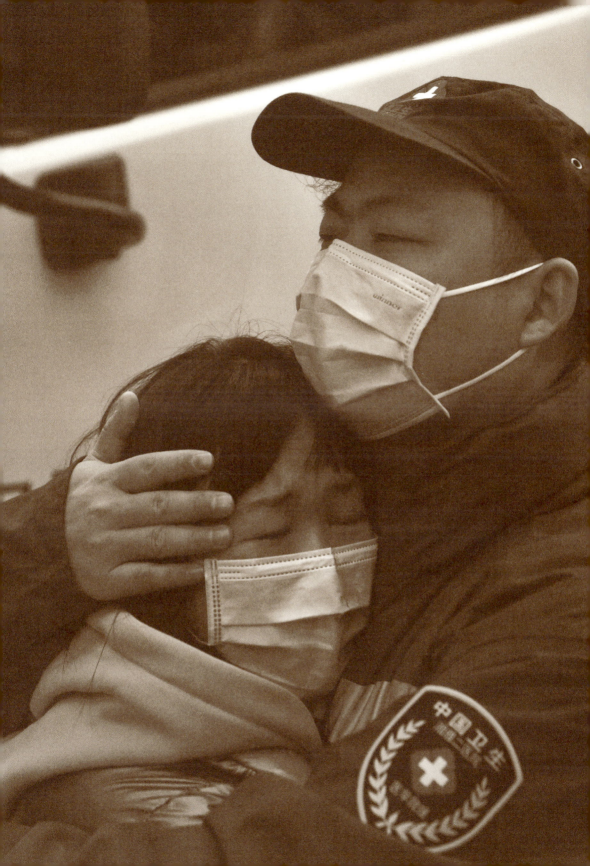

● 2020 年 2 月 9 日

农历正月十六，元宵节刚过，安徽合肥火车站，一群人在站台送别。

◎ 吴芳／摄

● **2020 年 2 月 13 日**

　　农历正月二十，面对汹涌来袭的疫情，口罩成了生活必需品。

图为北京西站出站通道内，G616 次列车旅客有序出站。

◉ 吴凡／摄

● **2020 年 2 月 17 日**

　　农历正月二十四，春运第 39 天，西安片区军队医疗队即将从西安北站登上"白衣天使"高铁专列驰援武汉抗击疫情。

◎ 刘翔／摄

● 2020 年 2 月 17 日

西安片区军队医疗队员迅速登上"白衣天使"高铁专列。

◉ 刘翔／摄

● 2020 年 2 月 23 日

"二月二，龙抬头"前一天，重庆首趟农民工返程专列开行。

● 包亮／摄

第五章

● **2021 年 1 月 17 日**

农历腊月初五，春运首日，在北京西站的月台上，一名头戴防护罩的工作人员正坚守岗位。

◉ 王伟伟／摄

● **2021 年 1 月 17 日**

春运首日，在由北京西站开往邯郸东的 G6737 次列车上，在外务工人员郭志军正戴着一次性手套整理口罩。56 岁的郭志军常年在海南三亚打工，和家人聚少离多。今年春节，为了返乡过年，能和家人尽早团聚，他做了充分的准备。

"16 日晚上坐飞机到北京首都国际机场，再打车到北京西站，随便凑合一晚，凌晨就能上高铁。"说起这次的返乡路，郭志军把防护看得很重。他表示，之所以选择这样的返乡路线，也是为了减少和人群聚集的时间。

为了做好防护，在出发前，郭志军还特意买了一包一次性手套，"走一路戴一路，感觉闷热了，就找个没人的地方摘下来透透气"。说起自己的防护措施，郭志军说："防疫人人有责，如果每个人都能防护到位，疫情也会早日结束。"

◉ 王伟伟／摄

● 2021 年 1 月 28 日

〰〰〰〰〰〰

　　农历腊月十六，春运大幕开启。北京站内，一名"全副武装"的乘客在凌晨踏上回家的旅途。受疫情影响，各地市号召市民"就地过年"，春运客流量明显减少。

◉ 王伟伟／摄

● 2021 年 1 月 28 日

〰〰〰〰〰〰

　　农历腊月十六，工作人员身穿防护服在陕西榆林火车站候车大厅门口消毒。

◉ 唐振江／摄

● **2021 年 2 月 25 日**

　　农历正月十四上午,河南驻马店的 32 名劳务人员乘坐点对点返岗专车,经过 17 个小时的行程后抵达项目部生活区。春节后,为保证平稳复产、安全施工,中建一局北京城市副中心项目部根据相关疫情防控要求,为劳务人员集中的地区安排了返岗专车接驳返京。在乘车前,返岗人员需出示健康码和有效核酸检测证明方可乘车返岗。

● 王伟伟／摄

在怀化看火车

上世纪七十年代末期，九岁的我和哥哥凌晨三点钟从家里出发，赶九点钟的火车，去县城看望生病住院的母亲。那是我第一次坐火车，感觉就像坐在家里的铺上一动没动，人却已经随车跑出去了好远。这桩事我无数次描述给没见过火车的老祖母听，她每次都津津有味地点头。

后来母亲转院到了湖南怀化，我乘车的目的地也变成怀化。印象中怀化火车站前的广场很大，但广场周边最高楼没有超过三层，通向广场的公路两边，也都是一两层的砖瓦房，房子后边是开满了油菜花的农田。这景致，现在想起来觉得普通，但在当时，一度令我很是向往。而"怀化是火车拖来的城市"这一说法是后来我从广播里听来的：湘黔、枝柳两条铁路相继修通，在怀化县榆树湾交会，使得这个人口曾经不到三千人的小镇迅速发展成为铁路交通枢纽。这个说法和我坐火车到怀化的经历，将"怀化"与"火车"在我心中连在了一起。

2009年，我调到怀化工作，参与怀化火车站的拆迁改造，由此走访了多年来居住在火车站附近的十几位老人。记得一位老人拿出一张发黄的黑白照片，站在街道边用手指着说：这是当年的火车站，

从这里一直往候车大楼就是照片上的斜坡，照片上的小溪就是从这位置一直往前流，这里是稻田，那里是山岗……老人还说，那时，这个地方没有通电，一到晚上只有猫头鹰在大树上"咕咕"叫。可如今，我眼前看到的是高楼林立、车水马龙、灯光璀璨。

本世纪初，随着湘黔铁路复线建成和高速公路开通，以及芷江机场通航，整个怀化的交通便捷程度大大提升。怀化高铁站建在城区南边，命名为怀化高铁南站，与北边的老火车站遥相呼应，撑起怀化的商贸物流。随着高铁线路的建设，怀化的经济与城市面貌不断发展。现在，怀化中心城区建成面积已发展到六十五平方公里，这座年轻的城市在一天天长大。这一切，我都亲眼见证。

在怀化依然保留着绿皮火车。绿皮火车开得很慢，每一个小站都会停靠，乘客多为带着农产品外出交易的沿线老百姓。这些车除了票价便宜，更重要的是绿皮火车允许把装有"土特产"的担子挑上车。新鲜蔬菜、土鸡土鸭、鳝鱼、泥鳅、干笋等土特产到了怀化城里都成为抢手货，价格也比在乡下卖得好。而绿皮火车不疾不徐的"步态"，也每每勾起我对往日生活的回忆。

那天我从老家新晃坐绿皮火车到怀化，在公坪站上来一位提着一篮枞菌的农妇。她五十多岁，胸前挂着二维码收款牌子。列车员问，多少钱一斤？农妇说，二十五块钱一斤。我在旁边轻声提醒农妇，拉到怀化迎丰市场，就能卖到三十到三十五块钱一斤。农妇却说，卖给这些列车员算是回报，如果没有这趟绿皮火车沿路停靠，在我们镇里市场上二十块钱一斤都没人买。我问她，你坐这绿皮火车卖东西每月收入怎样？她想了想说，多的时候有三千多元，少的时候两千多元……说着就爽朗地笑起来，满满的幸福感写在脸上。

如今，怀化的铁路不仅保障了沿线百姓的出行，更载着大家走上了致富的"高速路"。火车把村里人"拉"到城里打工，乡下的农具和民俗也随主人到了城里。农耕博物馆、乡村体验园、民俗博物馆等等在怀化这座城市应运而生。这些年，怀化城里有人在街头广场或溪边树下对唱山歌，在春节的时候也打闹年锣，还舞龙灯和狮子等等。铁路牵起城乡，推动了城市与乡村的协同发展。

正月的一个下午，适逢春运高峰期，天气暖和得出奇。我脱下棉衣出门走了走，不知不觉就走到门前的铁路上。我边走边想，如果没有这些铁路的汇入，怀化这座城能够大起来吗？火车把怀化这座城市变热闹了，把老百姓的荷包变鼓了，把周围的农村也带上了富裕的道路。

在怀化看火车，看到的不只是火车线路多，跑得快，还看到了火车与一座城的关系。我相信，这座火车拖来的城市会像奔驰在铁路上的火车一样，越来越现代，向着美好的生活不断前进……

（2021年3月29日《人民日报》第20版，江月卫）

第五章

● **2022 年 1 月 25 日**

农历腊月二十三，返乡的乘客在进站前排队进行核酸检测。

● 王伟伟／摄

农历腊月二十三，身披"瑞雪迎春"涂装的奥运版复兴号智能动车组驶过北京居庸关长城。

◉ 王伟伟／摄

第五章

● **2023 年 1 月 7 日**

农历腊月二十六，为春运首日，重庆火车北站，一束阳光照射在候车室的旅客身上。2023 年春运群众返乡过年及旅游需求旺盛。2023 年春运于这天正式拉开帷幕，至 2 月 15 日结束，共计 40 天。春运期间，重庆火车站累计发送旅客 680.2 万人次，同比上年增加 145.3 万人次，增幅 27.2%，为 2019 年同期的 93.4%。

◉ 刘嵩／摄

● **2023 年 1 月 7 日**

春运首日，北京站前面匆匆走过的旅客，率先赶向家的方向。

◉ 刘金梦／摄

第五章

● 2023 年 1 月 7 日

春运首日，北京站旁开始闲置的核酸检测亭。

◉ 刘金梦／摄

● **2023 年 1 月 7 日**

乘客在北京南站排队进站，再现一个"流动的中国"。

◉ 王伟伟／摄

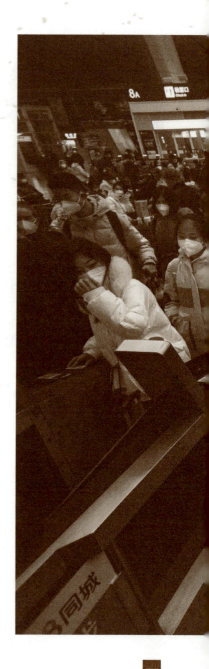

2023 年春运正式开启后，铁路、道路运输、民航等部门采取多种举措，在做好疫情防控工作的同时，强化春运服务和安全管理，确保广大旅客平安有序温馨出行。

针对 2023 年春运 40 天，中国国家铁路集团有限公司科学精准安排运力，增强路网整体功能，提升客运能力。按照"充足安排、按需启动，响应快速、应急有备"原则，科学制定客车开行方案。

2023 年春运期间，全国日均迁徙规模指数为 569，比 2022 年同期增长 29.2%，比 2019 年同期增长 20.5%，人口迁徙已经完全恢复到疫情前水平。

与 2022 年同期相比，增幅最大的是天津、北京、陕西、河北、黑龙江、河南、山西、辽宁、云南、内蒙古，其中，天津市、北京市省际出行规模恢复最好，增幅超过 100%，陕西、河北、黑龙江、河南、山西、辽宁增幅也超过了 50%。

第五章

● 2023 年 1 月 7 日

　　春运第一天，距离农历新年还有半个月的时间，天刚蒙蒙亮，北京南站候车室内便恢复了以前的热闹景象，处处人头攒动，旅客们怀着期待的心情拉着大大小小的行李箱和五颜六色的礼品袋有序进站，客流较前几日有明显增长。

　　　　　　　　　　　　　　　　　　● 杨登峰／摄

第五章

● **2023 年 1 月 16 日**

农历腊月二十五，为春运第 10 天，西安国际港站，满载着 261 辆陕西制造的汽车搭载 X8256 次中欧班列从站内缓缓驶出，一路开向俄罗斯首都莫斯科。

◉ 刘翔／摄

● **2023 年 1 月 18 日**

农历腊月二十七这天，7272 次列车的车厢里放满了水果，列车值班员程雅婷正满脸喜气地帮助村民直播销售。

● 郭立亮／摄

又到一年春运时。在怀化和湘西州，7 趟票价低廉的公益"慢火车"依然正常开行，为沿线群众带来便利。

1 月 18 日至 19 日，记者分别搭乘 7272 次（怀化至重庆梅江）和 7266 次（怀化至澧县）列车，感受了公益"慢火车"上浓浓的幸福年味。

"我坐这趟火车有 20 多年了，从上学到工作，到现在带着孩子回家过年，列车员就像家人一样暖心。慢火车的回家路，承载着自己的成长

和美好记忆。"在吉首上班的乘客祝美玲深有感触地说。

"亲爱的旅客朋友们，这是麻阳苗乡的冰糖橙，还有自制的湘西腊肉、腊鹅，味道非常好……"1月19日，7266次列车上更是挂满了红灯笼、车窗贴满了红色窗花，由休班列车工作人员组成的"春梅直播队"正通过手机直播带货。

2021年9月，7266次列车值班员程雅婷成立了"春梅列车义务直播队"，休班时在列车上通过抖音直播带货，义务将铁路沿线农民家中湘西腊肉、猕猴桃、麻阳冰糖橙等特色农产品销往全国各地。2022年的销量达到了200多万公斤，被当地村民称为"带货女王"。

公益"慢火车"穿越武陵山脉，沿线大多为少数民族地区。自上世纪80年代初陆续开行以来，累计运送旅客近1亿人次，成为沿线百姓心中最具幸福感、获得感的出行工具。

● **2023 年 1 月 18 日**

腊月二十七，7272次列车上年味十足，由休班列车员组成的"春梅直播队"正通过手机直播带货，销售铁路沿线群众的湘西腊肉、猕猴桃、冰糖橙等特色农产品。

◉ 郭立亮／摄

● **2023 年 1 月 18 日**

7272 次列车停靠麻阳锦和站，列车员帮助挑着箩筐担子的群众有序上车，及时销售农产品。

◉ 郭立亮／摄

● 2023 年 1 月 18 日

　　下午，乘坐 7271 次列车返程的村民在车厢里休息和用餐。

◉ 郭立亮／摄

● 2023 年 1 月 18 日

　　下午，乘坐 7271 次列车返程的村民准备在锦和站下车。

◉ 郭立亮／摄

笋筐摆放区

● 2023 年 1 月 18 日

　　下午，贵州省铜仁车站，卖完菜的村民将箩筐摆放在地上，准备乘坐 7271 次列车返程。

● 郭立亮／摄

● **2023 年 1 月 18 日**

节前气氛浓，腊月二十七的下午，卖完菜的村民在乘坐的 7271 次
列车上对当天的卖菜收入进行清点，迫不及待看看卖了多少钱。

◉ 郭立亮／摄

第五章

● 2023 年 1 月 19 日

　　农历腊月二十八，7266 次列车经停古丈龙鼻嘴站，列车员和车站工作人员一起帮乘客装卸冰箱。

●郭立亮／摄

● 2023 年 1 月 19 日

　　西安至北京西的 Z44 次列车上，列车乘务员在迎新春联欢晚会上为旅客表演吉他弹唱。

◉ 刘翔／摄

● **2023 年 1 月 27 日**

农历大年初六，湖南省长沙高铁南站，返乡的旅客刚过完年便背着行李纷纷出行离家。

◉ 郭立亮／摄

● **2023 年 1 月 29 日**

农历大年初八，为节后上班第二天，陕西西安火车站迎来春运返程客流高峰，西安铁路公安处西安站派出所民警坚守岗位、积极应对，在进站口、候车室、站台等客流密集部位增派警力，全力确保广大旅客平安出行。

◉ 张鑫／摄

第五章

● 2024 年 1 月 26 日

　　农历腊月十六，为 2024 年春运首日，北京丰台站候车室内，一场以"温馨春运 文明相伴"为主题的文艺演出正在彩排，吸引了南来北往的旅客驻足观看。

◉ 杨登峰／摄

第五章

● 2024 年 1 月 26 日

　　2024 年春运首日，北京西站候车大厅内，一位来自上海的 93 岁高龄的老奶奶正在吹干刚刚收到的"福"字。当日，由中国铁路北京局集团有限公司党委、工会主办的"送万福进万家"书法公益活动在北京西站二层候车大厅举行。据了解，这项公益活动是铁路春运的品牌项目，已经持续开展了 8 年。

● 蔚可任／摄

● **2024 年 1 月 26 日**

春运首日，西安火车站内的青年志愿者正为旅客指引乘车路线。

◉ 刘翔／摄

第五章

● 2024 年 1 月 26 日

　　2024 年春运首日，北京西站候车大厅，一名停下脚步疑似等人的旅客，手扶大包行李回头张望。

● 蔚可任／摄

● 2024 年 1 月 26 日

2024 年春运首日，北京西站候车大厅，4 位收到"福"字的年轻人合影留念。"送万福进万家"书法公益活动大力弘扬中华优秀传统文化，为即将到来的龙年春节营造喜庆的节日氛围，将"福"送到万千旅客手中和心里，让旅客体验更美好。

● 蔚可任／摄

2024 年为期 40 天的春运于 3 月 5 日结束。

交通运输部数据显示，2024 年春运 40 天全社会跨区域人员流动量超 84 亿人次。其中，铁路客运量完成 4.8 亿人次；公路人员流动量完成 78.3 亿人次，其中高速公路及普通国省道非营业性小客车人员出行量完成 67.2 亿人次（在全社会跨区域人员流动量中占比约 80％），公路营业性客运量完成 11.1 亿人次；水路客运量完成 2900 万人次；民航客运量完成 8300 万人次。

透过数据，我们看到一个流动不息的中国。

第五章

年年春运，岁岁温馨。2024年春运圆满收官，人们体验了旅途中的繁忙与欢乐，感受到了中国交通蓬勃发展的活力。每一位踏上春运旅程的人们，都是奔向希望的使者；每一位为春运付出的人们，都用汗水浸润着交通强国的未来。

1954年，"春运"一词第一次在媒体上出现，到今天，春运走过整整70年。

已经走过70年的春运，未来还将开启一段又一段的美好旅程。而我们，也将带着对未来的期盼，满怀梦想再出发。

● 2024 年 2 月 4 日

农历腊月二十五，全世界都弥漫着中国农历新年的欢庆氛围，在中老铁路老挝万象站，中老铁路员工正与旅客合影。

◎ 杨永全／摄

第六章

春运 70 年
——春暖旅途

自 1954 年，"春运"的概念应运而生，到 2024 年春运 40 天全社会跨区域人员流动量超 84 亿人次。中国的春运发生了翻天覆地的变化。铁路，作为经济大动脉，它的飞速发展体现了我们国家日新月异的变化。

　　春运走过 70 载，见证了铁路的飞速发展。从 1954 年春运概念顺势而生，到如今，铁路发生了翻天覆地的变化。

　　发送旅客量从最初的 2300 万人次到 2012 年春运的 2.21 亿人次，再到 2024 年春运全国铁路发送旅客 4.8 亿人次；营业里程从 1949 年 2.1 万公里到 1978 年 5.2 万公里，从 2003 年 7.3 万公里到 2012 年 9.8 万公里，再到 2024 年突破 16 万公里；速度也从最开始的 50 公里，到 60 公里、120 公里、200 公里、300 公里、350 公里……中国铁路一路高歌猛进，"跑"出发展"加速度"。

　　中国春运，既是一次全民的大迁徙，也是一次情感的交融与汇聚。无论时代如何变迁，无论路途如何遥远，家始终是我们心灵的港湾和情感的归宿。而铁路职工们，就是护送我们回家的使者。他们在平凡的岗位上，成就不平凡的事业。他们放弃了与家人团聚的机会，只为让更多的人能够平安回家过年。他们是有形的山，挺拔、厚重、险峻、伟岸，构成了人世间一幅幅壮美的风景。他们是无形的山，高尚、正直、无私、奉献，以其博大的胸襟，在人们心中矗立起了一座精神的高峰。

　　在这 70 年的春运历程中，铁路飞速发展，技术不断创新，但铁路职工们 "人民铁路为人民" 的宗旨始终没有变。他们用自己的汗水和奉献，书写着铁路的辉煌篇章，温暖着每一位旅客的回家路。

第六章

● 2005 年

　　春节期间，南航北方分公司的航班上，乘务员身穿喜庆颜色的
旗袍制服，用五颜六色的气球精心布置客舱，让旅客感受"年味"。

◉ 陈松／摄

● 2009 年 2 月 4 日

　　农历正月初十，立春这天，运转车长黄常久用对讲机联系准备
发车信息。春运期间，一大批像他一样经验丰富的退休老职工被返
聘回来工作。

● 郭立亮／摄

第六章

● 2009 年 2 月 4 日

立春这天，客流量依然很大，晚间值班的售票员为了减少上厕所的次数只能尽量少喝水。

◎ 郭立亮／摄

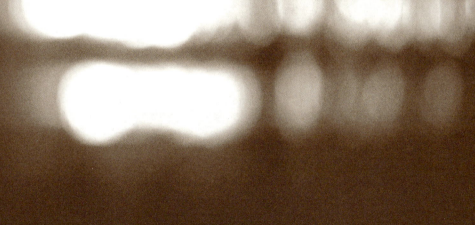

● 2009 年 2 月 4 日

年初十夜晚，站台上的客运值班员正准备迎接到来的列车。无论白天黑夜，无论雨雪冰冻，他们都默默地坚守着自己的岗位。

◉ 郭立亮／摄

● 2016 年 1 月 22 日

农历腊月十三，西安机务段机车整备场，检修职工在春运中顶风战雪检查客运电力机车。

● 刘翔／摄

● 2018 年 2 月 16 日

　　农历正月初一，西安机务段检修车库内，即将退休的火车头"修脚师"陈建中在认真测量机车轮对参数，为镟修加工做好准备。

◉ 刘翔／摄

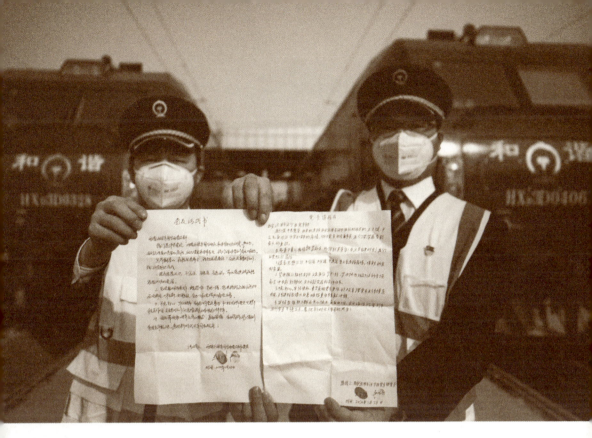

● 2020 年 2 月 2 日

　　农历正月初九，春运第 24 天，西安机务段机车整备场上，党员机车司机严云飞（左）和搭档王文斌（右）在展示自己为抗击疫情写下的《党员请战书》。

◎ 刘翔／摄

● **2020 年 2 月 4 日**

大年正月十一，立春，沈阳机场候机楼，准备和姥姥一同前往成都的两个孩子为了隔绝病毒套上了自己改装的豆油桶面具，防止飞沫喷溅。

◎ 陈松／摄

第六章

● **2021 年 2 月 3 日**

　　农历腊月二十三，一场特别的婚礼在中国铁路昆明局集团有限公司曲靖工务段沙沱线维修工区院子里举行。新郎王海天和新娘徐笑影对着屏幕，给远在河北邢台的父母行礼。

　　受疫情影响，整个婚礼过程由王海天的 11 名工友自行策划、组织和参与，远在河北的双方父母通过视频祝福儿女，一家人几度哽咽，现场很多人流下激动的泪水。

◉ 杨永全　摄

● **2021 年 2 月 7 日**

　　农历腊月二十六，在沈阳桃仙机场南航北方分公司出勤楼前，乘务长陈佳茵与 12 岁的儿子拥抱作别。她即将执行沈阳到东京往返航班的飞行任务，然后进入"14+7"的隔离期。这意味着从除夕到正月十五，她与家人都不能团聚。

　　作为空中乘务员，除夕春节在外执行航班任务，不能与家人团聚是很平常的事情，但是像陈佳茵的这个任务期和隔离期完全跨越整个"年"的情况前所未有，在南航北方分公司今年春运航班中也仅此一个。

　　"我飞行了近 20 年，在我的记忆中，每年的除夕、初一这样重要的日子都很难和家人一起过，2018 年我飞曼谷，2019 年我飞洛杉矶，2020 年我飞昆明，今年的春节虽然不飞了，但是我将独自在隔离中度过，当新年的钟声敲响时，我想我一定会想家，想父母、想爱人、想孩子……"说到此处，陈佳茵眼中泛起了泪花。

◉ 陈松／摄

第六章

● **2021 年 2 月 8 日**

农历腊月二十七，在新春佳节到来之际，二连浩特出入境边防检查站民警正将灯笼、中国结等春节饰品送上中欧班列。节日期间，他们将坚守在国门口岸一线与中欧班列司机一起，共庆新春佳节。

◉ 朱宇奇／摄

第六章

● **2021 年 2 月 9 日**

农历腊月二十八这天，老乘警郭军把降压降糖的药装入随身携带的钥匙扣内准备启程。他所在的K768／9次是从陕西汉中到广州的唯一一趟列车，往返一趟需要93小时30分钟，从除夕到正月十五，他都在列车上度过，不能与家人团聚。

◉ 杨长空／摄

● 2021 年 2 月 12 日

农历正月初一晚 7 时许，中铁西安局宝鸡供电段的电力工人正在抢修突发故障。赶上晚饭时段，远处突然升空的烟花吸引了工人们的目光。此时，他们已经在外抢修超过 12 个小时。

● 田致勇／摄

● 2021 年 2 月 12 日

　　大年初一，西安机务段机车整备场上，检修职工除夕夜坚守岗位以自拍迎新年。

◉ 刘翔／摄

● 2021 年

　　春运期间，蚌埠工务段，面戴口罩的探伤工们坚守在春运一线，正对铁路线路进行检查作业。

●陈昂／摄

● 2022 年

　　除夕当天，昆明局集团公司管内水红铁路看守工张本祥一家忙着贴春联、挂灯笼，显得年味十足。自 2012 年起，张本祥和妻子来到看守点上班，世代务农的他在看守点生活有保障，工作地点离家近。

◉ 杨永全／摄

● **2023 年 1 月 9 日**

农历腊月十八，南宁铁路公司工作人员在风管井内排查设备。空间狭小，每隔几米就有一处闸阀，需全程弯腰前行。

◉ 文毅／摄

● **2023 年 1 月 10 日**

　　农历腊月十九，为春运第 4 天，西成高铁大秦岭隧道内，西安通信段鄠邑通信工区通信工于静逸（右一）和工友们骑自行车赶往待巡检的直放站。

◉ 刘翔／摄

第六章

● **2023 年 1 月 12 日**

　　农历腊月二十一，为确保春运期间旅客列车安全平稳运行，柳州电务段加强动车组车载信号设备检修维护工作，严格把关设备检修质量，针对全国急剧降温等气候因素，重点对动车组车载信号外挂设备进行集中排查整治，防止设备受冰雪强风影响，全力保障春运期间铁路运输安全。

⦿ 陈欢／摄

● **2023 年 2 月 1 日**

农历正月十一，为春运第 26 天，河南三门峡黄河公铁两用大桥上，信号工丰靖川（左二）和防护员何善美（左一）在前往作业地点时避让列车，桥下则是美丽的天鹅湖。

◉ 刘翔／摄

第六章

● 2023 年 2 月 1 日

　　春运第 26 天，河南三门峡黄河公铁两用大桥上，信号工丰靖川（左二）在防护员何善美（左一）的守护下迅速处理信号机故障。

◉ 刘翔／摄

● **2023 年 2 月 1 日**

　　春运第 26 天，河南三门峡天鹅湖公园。作为黄河大桥上的铁路夫妻，信号工丰靖川（左一）和防护员何善美（左二）带着女儿小芒果来看天鹅并与浩吉铁路黄河公铁两用大桥合影。

◉ 刘翔／摄

● **2024 年 1 月 16 日**

　　农历腊月初六，广西南宁市宾阳县黎塘镇火车站工人师傅们更换道岔场景。

◉ 黄舞杰／摄

● 2024 年 1 月 31 日

　　农历腊月二十一，柳州电务段南丹信号工区，职工冒着细雨前往坡朝站，对信号设备进行检修整治。

● 文毅／摄

● **2024 年 1 月 31 日**

　　黔桂铁路是我国西南地区重要的铁路运输通道，图为柳州电务段南丹信号工区的"老伙计"们在坡朝站前合影。

◉ 文毅／摄

● **2024 年 2 月 6 日**

　　农历腊月二十七，陕西省秦岭车站派出所民警在观音山车站隧道内进行线路治安隐患排查。

◉ 张鑫／摄

第六章

● 2024 年 2 月 9 日

　　大年三十这天，当千家万户沉浸在阖家团聚的喜悦氛围中，总有一群人在默默坚守岗位。图为中老铁路老挝段万象站，中老两国乘务员一起包饺子，欢庆中国龙年春节。

◉ 杨永全／摄

● **2024 年 2 月 9 日**

　　沈阳桃仙国际机场登机廊桥里，身穿格格服饰的工作人员带着小乘客登机，手中拿着"福"字，年味十足。

◉ 陈松／摄

● 2024 年 2 月 22 日

　　正月十三，受冷空气影响，广西桂林地区气温直降 20℃，为保障设备安全，柳州电务段迅速组织职工对线路信号设备开展隐患排查整治工作，及时消除安全隐患，确保铁路运输安全。图为该段职工在桂林机务段货场集中排查整治无联锁道岔。

◉ 文毅／摄

附录

春运老物件

1950 年第二期火车时刻表。

1951 年火车时刻表。

1954 年 9 月中央人民政府铁道部改为中华人民共
和国铁道部，同年 11 月出版了铁道部发行的第一本
列车时刻表。

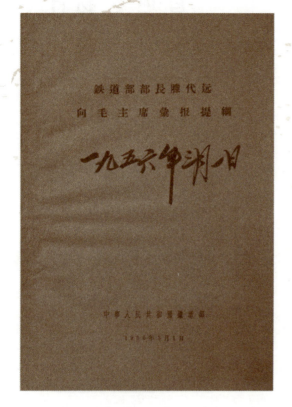

1949年10月1日新中国成立后，中央人民政府铁道部成立，任命滕代远为部长。1956年，新中国第一个五年计划将结束之际，铁道部第一次单独向毛主席汇报工作。《中国铁路大事记》对此有专门的记载："1956年3月6日，毛泽东主席听取滕代远部长关于铁路工作的汇报。"时任铁道部部长滕代远对这次专题汇报非常重视，亲自对汇报内容进行修改。

附录

1969 年，韶山 1 型 008 号机车。韶山型是我国自行研发制造的第一代电力机车，在
中国电力机车发展过程中具有重要意义。图为 1969 年 10 月 20 日，在四川成都举行
的我国第一条电气化铁路——宝成铁路的开通仪式上，就是这台韶山 1 型 008 号作
为牵引旅客列车的电力机车，吸引了无数人的目光。

图为毛泽东号（JF-304 号）蒸汽机车。

兰州铁路局的 DF7C-5006 号内燃机车是北京二七机车厂 1992 年 11 月生产的。东风 7C 型机车是在东风 7 型、东风 7B 型基础上，为改善零部件通用性而研制的调车兼小运转用柴油机车，适用于铁路干线货运、大型枢纽、编组站场、工矿企业的调车和小运转作业。

韶山 4（改）型 0168 号电力机车。根据铁道部科技司关于开展电力机车简统化、系列化精神，株洲厂于 1993 年 4 月完成了对韶山 4 型电力机车的重大改进，研制成韶山 4（改）型电力机车。

图为 1976 年 12 月 21 日中国轧成的第一根 60 公斤／米钢轨。

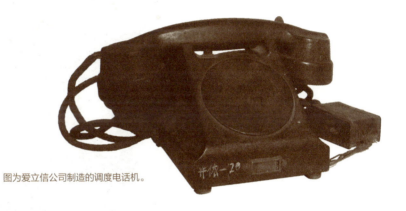

图为爱立信公司制造的调度电话机。

图为 DP86-B 型点票机。

图为铁路硬纸板客票印刷机。这台印刷机由德国格贝尔公司生产制造，至今已经有近百年的历史了。

图为凤阳到鹰潭的火车票。

图为南京北到开封的火车票。

2020 年，关闭离汉通道武汉车站的封条。

2020 年，湖北荆州站致敬一线抗疫英雄纪念票。

2020 年，援鄂抗疫高铁纪念卡。

2020 年新冠疫情期间，武汉动车运用车间
党总支党员的请战书。

◉旅客列车时刻表，1958 年 5 月 31 日起实行，
上海铁路管理局。

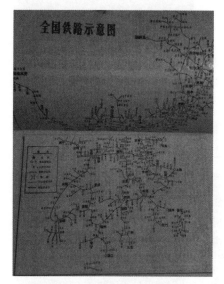

◉1974 年，全国铁路旅客列车时刻表。

◉1974 年，全国铁路旅客列车时刻表里的故事。

◉ 这张图片拍摄于上个世纪 70 年代，比较有纪念意义。

1974 年，广州火车站建成，这是火车站的第一张历史照片，自此以后，广州站成了中国南方的铁路枢纽之一。

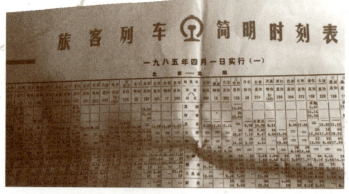

● 上个世纪 80 年代旅客列车简明时刻表。

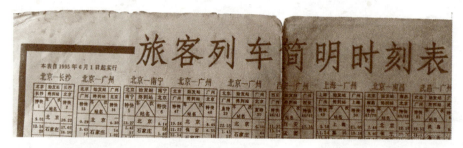

● 上个世纪 90 年代旅客列车简明时刻表。

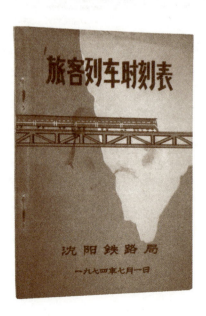

● 旅客列车时刻表（沈阳铁路局，1974 年 7 月 1 日）。

◉ 1997 年，全国铁路示意图。

◉ 1997 年，全国各主要站旅客列车开车时刻表。

◉ 1997 年，全国铁路旅客列车时刻表。

我拍摄"春运"的感受

在我的印象中，"春运"一词最早出现于 1980 年的《人民日报》。我是从 1983 年开始用图片的形式记录春运。一直坚持到现在。这些拍摄，经历了从黑白胶片到彩色胶片（包括正片），再到数码时代。这个过程，也是摄影的变革过程。

我于 1979 年参加工作，当时的工作单位是湖南湘潭地区汽车运输公司。当年，我见证了由于客运运力紧张，要求货运车辆（需配备敞篷）作为备用运力参加春节期间旅客运输，再后来，变化为货车载客作为非法营运受到打击。国家对春运的要求也由初期的"走得了、走得好"，大年三十"不留一个旅客在车站"发展到后期的"走得安全、走得及时、走得好"的过程。

同时，我也见证了道路运输和水路运输经历了由初期的"一年春运半年粮"到后期的"找米下锅"的变化。一直以来，道路、水路、铁路之间在相互竞争。由于灵活的运输方式，由初期的道路运输完胜，到高铁参与竞争以后，道路运输和水路运输则被弱化。

我从十多岁开始学习拍摄和暗房制作照片，参加工作一年多后花了 184 块钱购置了一台凤凰 205 照相机，从此，摄影这个爱好就没有丢过。

附录

从企业到机关，从企业法人代表到媒体记者。工作 40 多年，除在媒体几年外，其他时间一直在交通运输行业摸爬滚打。

记得 1986 年春运期间，我参加湖南省汽车运输公司春运检查组，对湘西地区的汽车站和车队进行安全检查和慰问。在湘西永顺县砂坝乡汽车站慰问全省交通运输系统劳动模范、站长彭生文时，拍摄了"夫妻站"这幅图片。

当时彭生文在为上车的旅客检票，而他的妻子在旁边售票。那时候，为了让职工安心工作，很多单位都在努力解决夫妻分居的问题，一些偏远地区的农村、乡镇汽车站很多是两个人的"夫妻站"。2022 年春运时，我再去永顺县，想对彭生文进行一次回访拍摄。在县汽车站，负责人告诉我说，彭生文已在多年前去世。

时光荏苒，令人唏嘘。

从 2019 年开始，我把以前拍摄的胶片扫描成电子文档，在整理照片的过程中发现很多图片是在春运期间拍摄的。在这些照片里面，我看到了不同时期运输工具的变化，也看到了道路的变化，更看到了人们衣着和精神风貌的变化。

翻看着一张张变化的照片，好像就是翻看一段段的历史。我想：这些变化不正是反映着共和国人们生活的变化吗？

一不小心，我拍摄春运题材已有 40 余年。

于是，以"春运"这个主题的纪实摄影《春运记忆》系列作品油然而生，并屡获大奖。

通过春运系列图片的拍摄和主题提炼，我深深感到：图片需要积累，厚积才能薄发。这个时代需要摄影师用心去寻找照片中所蕴含的具有普遍性意义的东西，而真正的普遍性意义的东西就是能打动他人的那一份真诚、那一份善良、那一份无言的感动。

每当自己拍摄到真实、自然、精彩的照片，我从心里感受到：在日新月异的大时代背景下，这些照片虽然是微不足道的碎片记录，但它们对我个人而言，却具非凡意义。

毛尚文

附录

台湾交通散记：
体验台湾的春运和班线公交化

台湾是中国的第一大岛，陆地面积比海南省的略大；人口 2300 多万，与上海市相仿，GDP 总量比上海略高。

你可以想象把上海的面积放大 5.7 倍，或者把上海的人口放进海南，大体就是如今台湾的样子。

从地理上看，四面环海的台湾整体形状似长条番薯，南北纵长约 400 公里，东西宽度最大不到 150 公里，环岛海岸线长 1100 多公里。台湾拥有丰富的旅游资源，既有环岛海岸的秀美，又有中部高山的巍峨，文化与内地同根同源，加之有很好的便利交通条件，因此台湾成为旅游者的胜地。

几日的走马观花，体验到台湾的交通概貌，其便利畅达的综合交通可能也会是内地道路运输发展的未来投影。

2019 年春节，刚好有机会去台湾省旅行几日，实地体验了解台湾交通。作为一名道路运输战线的老兵，自然有一番超出普通旅游者的出行体会。当然，由于只是几日走马观花，了解粗浅，所以本文只当作一名旅游者的台湾交通感受。诚然，台湾交通既有发达便利的一面，也有和大陆相比落后的差距。我们无须妄自菲薄，也无须对号入座，看看人家怎么干的，未尝不能给我们的道路运输转型发展提供可资借鉴的方案。

台湾的交通布局

初到台湾的游客，如果不是跟团游，便是自由行了。还没出发，通过攻略便已了解到台湾有便利的交通网络，飞机、高铁、台铁、公路客运，还有市区的公车（公交车）、计程车（出租车），因此从一开始的报团游，到后来想包车游，最后还是选择了自由行，看看是否能够仅仅依靠公共交通畅游台湾。

桃园机场是大陆进出台湾的门户，机场不算大，吞吐量也比较小，比不过北京首都、香港、上海浦东和广州白云机场，没进入到全球最繁忙机场TOP15。从桃园机场到达层出来，便很轻松地找到了巴士接驳区。我们的目的地是台中。从桃园机场至台中，可以坐高铁、台铁、大巴和计程车，但高铁和台铁都需要多次换乘，索性选择了大巴。

台湾铁路分为高铁、台铁和区间车。高铁只能覆盖西海岸的主要城市。台湾的高铁时速并不高，每小时只有100多公里，类似于我们的特快（T）列车，并不能和我们的动车组和复兴号相比。台湾南北纵向只有400公里，如此时速也能满足城市之间的通行需要，遇到春节等出行高峰，往往提前十多天高铁票便一抢而空。

台湾环岛铁路网的各线火车，俗称台铁，紧密地连系着岛内各大小城市，基本可以实现岛内城市的全覆盖。台铁类似于我们的快车（K）、直快（Z）列车，按照对应等级分为自强号、莒光号、复兴号，以及区间车等数种，游客可依时间和成本来选择。区间车就是"绿皮火车"，每站都停靠，且只能在本站买票。除了区间车外，其他台铁和高铁票都可以通过互联

附录

网购买。

除了台北车站是台铁和高铁在一个车站内，其他城市都不是同一个车站，但是相距不远，高铁站和台铁站之间有公车、区间车等相连。

自清代开始，台湾便已修筑连贯东西的数条公路干线。此后，台湾的交通建设深受日本和美国的影响，及至国民党退至台湾之后，台湾的交通建设始终是第一要务。时至今日，台湾已经形成较为完备的高速公路、环岛公路、横贯公路、纵贯公路、滨海公路及联络公路等公路交通网络，公路总长 2 万多公里，与其路网密度和面积相仿的海南省略有差距。

台湾的汽车客运路线主要可分为三类：市区公共汽车、公路客运以及国道客运（公路汽车客运业）。台湾的长途客运巴士主要为国光客运、统联客运、建明客运、阿罗哈客运、和欣客运等民营客运企业，行驶于南北高速公路以及各大省道之间。城际长途客运班次密集，有些路线甚至提供 24 小时服务，票价也比飞机和火车便宜，因此民营客运是台湾民众最常使用的交通工具之一。

行驶桃园国际机场的客运巴士计有六家，分别是国光客运、建明客运、大有巴士、长荣巴士、统联客运及桃园客运。每日皆有固定班次往返于桃园国际机场与台北市、台中市及全台各大城市。

这次台湾游，我体验了不同的交通方式。

一张悠游卡畅行台湾岛

台湾的手机支付没有普及，但通过悠游卡，可以畅行各种交通方式，捷运、高铁、台铁、客运、公交，还有小件消费，都可以通过刷悠游卡购买。便利程度不次于手机支付。

便利店成了售票处

通过散布于城市大街小巷的 711 和全家，只要你想到的票，都能在超市的终端机上买到。比如交通方面的，能买到高铁、台铁和各类的客运票，也可以查询时刻票和票价。凭借身份证和护照等，一站式购买。打印出凭证后，在 10 分钟内付款，出票。

综合换乘提供出行便利

各运输方式融合程度较高，大的交通枢纽，比如机场和公路换乘点都很近，台铁和转运站只有百米距离，提高了乘客体验。运输枢纽真正形成了商业＋转运的综合体。比如台北车站，地下商业街＋自己的地下商业区＋捷运高铁台铁＋公路转运，综合体每个功能区都占地不大，但功能俱全。

服务区便是旅游商务区

对高速公路服务区的规模、卫生和细节服务印象极为深刻。相对大陆服务区的加油站、小便利店和洗手间的老三样模式，台湾的服务站基本可以算是一个小型旅游商业区了。超市、餐厅、水果店、服饰店、纪念品店，应有尽有，甚至连星巴克也开了进来。大巴、货车停车场与小车停车场完全分开，既保证了出入安全，又极大方便和维护了家庭及亲朋好友的短暂休息。

附录

旅行是客运的最大主题

公路客运更多的往公交化方向发展。往往是某某客运＋线路编号。当成是公交车也可以。然而台湾公路客运的实载率和大陆一样，也是面临吃不饱的问题。班线客运（城际公交）大概有四五家在运营，专做旅游线路的有台湾好行。可惜的是这次台湾游并没体验。

通过携程等旅游出行平台即可定制包车游

大陆地区广泛使用的携程 APP 也可以预定台湾地区的包车，订车流程没有差别。提供包车旅游服务的司机服务很好，会准时抵达，车况良好，司机师傅一边开车一边介绍台湾的风土人情、人文典故，甚至是乡野逸事，让旅途充满乐趣。司机师傅接待过很多大陆来的游客，也有亲戚朋友在大陆，所以语言、文化都没有隔阂。与之相比，出租车司机普遍年龄偏大，有浓重的口音，听说是大陆来的，往往会追溯新中国成立前的历史，车厢里弥散着往事的尘烟。

手机购票和移动支付还有很大差距

通过地图检索，只能检索到台铁、公交、高铁等线路，但班线客运（城际公交）检索不到。这和大陆相似。

没有安检，没有安检，没有安检

没有安检，没有安检，没有安检。这个太方便了。

刘云军

后记

春运，一趟没有终点的列车

春运于我最早的记忆是 2000 年。

那一年我们正在上大二，寒假闲来无事，我便和同宿舍喜欢摄影的"老大"戴晓杰一起商量去北京拍照片。

那时对春运还没有什么概念，因为上学的缘故，春运最忙碌的时间我们一般都在家，并没有经历过那种轰轰烈烈的场面。只是学过两年摄影的我们觉得自己羽翼已丰，想出去见见外面的世界，用相机去拍点照片练手。

第一个想到要去的地方就是首都北京，因为离得不算，远车次又多，最主要是抱着一颗朝圣的心。

上大学时还比较寒酸，乘火车找的同学，她的父亲是铁路公安。到达约定地点后，同学父亲仔细打量一番后，让我们坐在了靠门口的硬座席上。那会年轻，因为兴奋，一路几乎没有合眼，临下车时，给了同学父亲两盒红塔山香烟，人家不要，我们最后丢在他面前的桌子上，飞奔下车。因为没有票，我们沿着铁轨走了好远，才从一个偏僻的小门钻了出来。

去北京之前，提前和在北京有亲戚的刘成群同学说好到车站接我们。出了小门，分不清东南西北，我们只能继续回到出站口。让我至今记得的是，在汹涌的人流中，我们老远就看见刘成群一蹦一跳地在向我们挥手，就像时隔多年未见的亲人一样，此刻才真正体会他乡遇故知乃人生三大幸事之一的原因了。

到了北京，却遇到了几十年来最冷的一个冬天，这让我们猝不及防，最后两人在街边买了两顶毛线帽子戴上，又买了一副毛线手套，因为要拍照，我俩就一人戴一只，还把手套的食指尖位置剪掉，方便按相机快门。住宿犯了难，我们既想住在市中心，又想省钱，最后刘成群带我们到了大栅栏，那会还没有整修，和一般的北京胡同没有什么区别，住店时我们和店主软磨硬泡，一会攀老乡一会哭穷，最后要了一间80块钱一天的房间，只是没有暖气，店主给了两床被子和一个小太阳取暖器。到了晚上，我俩在街边一人一碗面就着一瓶二锅头，回到宾馆倒头就睡。本想着早起看天安门广场升国旗，结果待了三四天实在不想一大早出被窝，最终也没看成。

那会儿管理还没有那么严格，我俩主要时间是在北京站和北京西站转悠，因为来北京前给老师报的题也是要拍春运，而我们对春运的最早认知还是从摄影杂志和报纸看到的。那会儿对摄影也是刚刚入行，还没有太深的理解，只是一些简单的记录，现在回头再看，2000年的春运，具有明显的时代烙印，哪怕只是一些简单的记录。回家之后又在老家的车站拍了几次，如果有人上前查问，我就乖乖拿出提前在学校开好的介绍信，看我态度还算诚恳，人家一般也不为难我。

等开学后，我们将自己手洗的黑白照片送到《人民摄影》报，结果真发了半个版，这对还在上学的我是一种莫大的鼓励，从那时起，也就坚定了到北京的想法。

年轻不知愁滋味，老想着离家越远越好。从老家，陕西的一个西部小村子，到西安上中学，再到山西上大学，最后到北京工作，看着像一个屌丝的逆袭，充满了励志故事。到北京后，又回到陕西驻站，在北京也是住了三个地方。所以，要说家在哪，我老是有一种恍惚。还好现在父母一直在身边，家人在哪，哪里就是家吧。

工作之后，对春运的记忆是刻骨铭心的，我记得零几年的时候，每年春节前回家，买票是个大问题，托各种关系，有时候找"黄牛"加价，只为那一张能够回家的小小的红色的车票。至少有两次，因为春运坐火车回家，一路折腾，回家总要重感冒一次，过年面对一桌桌家乡美食只能兴叹。

到了后来，娶妻生子，也有了自己的汽车，过年基本都是开车回家，这样可以在路上自由安排时间，只要不是堵得特别厉害，大几百公里的路途劳累总是会被回家的兴奋所消散，尤其是有了高铁之后，回家不再难。但不知怎的，忽然怀念起那个人挤人、一路颠簸着回家的时代，或许是自己老了，就像怀念自己的青春那样，可不是么，那正是我们的青春。

春运背后所承载的是人们对家的眷恋、对亲情的渴望以及对故土的思念。这种情感连接源源不断，它贯穿了一代又一代中国人的生活，每一年都会在特定时间强烈地涌动，就如同列车永远行驶在连接心灵与家乡的无形轨道上，没有终点，就像中国人对家与根的永恒追寻以及这种情感传承的无尽绵延。

当我们把这一幅幅跨越 70 年的春运影像汇聚成册时，心中涌动着的不仅是对岁月流逝的感慨，更是对时代发展、社会变迁的感叹。这些照片，如同一颗颗时间的珍珠，串联起了中国春运 70 年的历史长河，见证了从 1954 年到 2024 年中国社会的沧桑巨变。

200 年前的 1825 年 9 月 27 日，世界第一条铁路在英国正式通车，火车的出现加速了工业革命，从而奠定了当今的世界格局与面貌。中国铁路的发展从无到有，直到现在领先世界，倾注了太多人的心血。

铁路春运，既是一次全民的大迁徙，也是一次情感的交融与汇聚。尤其是改革开放后，许多人背井离乡，外出工作，只有期待在春节的时候能回到家乡和亲人团聚，而火车作为连接的桥梁和纽带，承载了太多人的儿女情长和悲欢离合。所以，我们出版这本书的目的，就是要在这光影的长河中溯源而上，重拾那些被岁月遗落的温情碎片，通过一幅幅珍贵的影像，记录下时代的印记，感受先辈们在这片土地上留下的坚实足迹，让这段历史能够成为国人心中永不磨灭的记忆。

此书能够出版，首先要感谢中华书局的李猛编辑，他对书的理解和付出无须赘言，正是在他时不时敦促和鼓励下，让本书能够在 2025 年春运期间与大家见面，他和美编室的王铭基老师付出了很多的心血，想让这本书留给时代、留给后人。其次要感谢中国作家协会副主席阎晶明老师为我们作序，在我们"班长"兼兄弟的续小强的引荐下，阎主席爽快答应了我们的请求。再就是感谢为本书提供大量照片的各位作者，让我看到了更多鲜为人知但足以流传后世的作品，向他们致敬。

最后，祝愿所有看到此书的人能回忆起自己回家的幸福之路，开启美好前程的希望之路。

谢谢你们！

杨登峰

2024 年 12 月 17 日星期二

我喜欢我策划的这个选题

春运两字，让我想到的是反复的回家和离别，以及满村青壮年外出务工的情景。
滋味不是很美，整体上比较辛苦，所以春运带来的巨大的冲击波一直藏在体内。

一

今天是 2024 年 12 月 31 日，北京没有风，温度适宜，一片晴朗和清宁。
早上 8 点 45 分，我从食堂出来，书局一楼大厅等电梯的间隙，突然被美编室王铭基老师喊了名字，伴着帅气的美须髯，他开心地笑着，我不禁跟着欣喜和愉悦。
他说封面马上做出来，他有感觉了。
他又补充说，今天正好是腊月初一，春运火车票开售第一天。

谁说不是呢，腊月一到，年味升腾。最近一个月，王老师都在加班加点，我们这本赶趟的书一定要正点出发和抵达。

二

上次是 10 月 23 日，北京金秋，斑斓多彩，处处妖娆。

当天上午，书局的领导班子和各个编辑室负责人，以及出版部、发行部、市场部、美术设计部商讨近期在制品的用纸、定价、印数情况。

轮到《春运（1954-2024）》时，领导们一下子打开了话匣子，肖总动情地回忆起当年春运时乘坐火车的难忘记忆，尹总对这本书也寄予厚望，期待获奖。领导们还给出了很多具体的建议，比如增加春运老物件，老文献，旧车票等，尽量做足历史怀旧感，设计稿要拿出来讨论，年底要赶出来发行。

在座的美编室主任毛淳老师，或因现场气氛的感染，或因自己也有浓烈记忆，他意识到这个选题的独特价值，当天下午就 QQ 跟我说，想找我聊聊。

挺意外。我不知道是啥事，但美编室主任主动找我，我就马虎不得。三四点的时候，我快马加鞭来到三楼美编室，毛淳老师说，走，外面聊。

看毛淳老师郑重其事的态度，我一时有些忐忑。盼着他开口宣布结果。

他说，你今年策划的几种书都挺好，我们看到心里挺痒痒，想主动参与其中进行设计。今天会上领导们提及的《春运》，是个好选题，我们个人都有感触。

我一时感动又兴奋，连说求之不得，求之不得，眼下正要着手装帧设计的事呢。

书局书多，平时找美编室五位老师做设计，都是编辑主动预约，如果他们太忙，书又太赶，就得找外面的设计师。

没想到，这次事情发生了逆转，美编室老师居然主动找到了我。这心境，如何只是一个"受宠若惊"说得清的呢。

三

说干就干。

我一边催促主编杨登峰老师加快征稿和定稿，一边搜寻关于春运的好图文，再一边调研各类优质图文册。

11月1日下班前，作者杨登峰老师提交了初稿。下班后，我正襟危坐，打开图片瞬间，心跳加速，心情分外喜悦和沉重。

我跟杨老师说：照片下载后，看了一半，看不下去了，情感冲击力太大，太震撼……生存的，奋斗的，挣扎的，理想的，幻灭的，痛苦的，希望的，个人的，家国的，都搅在一起，思绪万千，也沉重万斤……

杨老师说，不少春运摄影名家代表性的照片几乎都约过来了。

我坚信，每个国人看到这本书，体内应该都会刮起一场情感风暴。

第二天，我把理清归顺的《春运》图片和文章，一块儿打包给毛淳老师。

我留言说：毛淳老师，《春运》是一本既能勾连家国记忆、引发情感风暴的过往之书，又是能引发话题、鼓舞奋斗、大卖获奖的畅销图文书。很期望咱们合力打造出一本绝无仅有的春运经典之作！

毛淳老师热烈回应，他说，我可以和大伙动员一下，有兴趣的都参与一下，各自出方案（出整体设计，包括装帧形式、开本和排版），咱们共同打磨。

这又惊到我了。来书局七八年，我还从来没有听说美编室的老师会为一本书做集体设计，而且是每个人独立出一个方案。

美呀，这样好的事情落到我的头上了。

四

千等万等，11 月 20 日下午 4:36，毛淳老师终于发来了全部设计方案。
毛淳老师很是动情地说：大家的方案做得各有特色，按各自对内容的理解，大家在百忙之中克服困难，还是费了一番心力的。

这个我信。虽然毛淳老师把这次合作作为一种全新的运作模式进行尝试，但临近年底，每天到美编室催活儿的同事进进出出，五位美编老师是真的在顶着压力帮我设计。

取舍之间，多了几分情感的流动。
可终究，还是做了取舍。
留着一脸美须髯的王铭基老师的设计胜出。

11 月 28 日晚上 6：00 多，食堂吃饭，正好碰上王老师。没聊两句，他就动情分享起独家春运记忆和故事，同样出身农村的他，对亲人和亲情的体会很深很浓。

高考复读那年，眼看年关将至，为了赶回家给奶奶过生日，雪夜晚回，错过班车，只得骑车回家，结果半路链条断裂，离家足有二十多里，想到家人温暖的目光，他鼓起勇气，一路推车到家。

他说这本书不能设计单一，要设计出家的味道，亲情的味道，故乡的味道。要做出氛围感，让人翻开就能沉浸其中。

此后一个月，王铭基老师反复琢磨，设计，周末也常跑到单位加班，常在凌晨发来设计成果，单是设计手稿就勾勒了一大叠。

好选题激起好设计，是美事！

五

这样一个选题年头，潜伏在我心头已有数载。

5月29日晚上，大概在洗漱的时候，脑袋里突然闪现春节出行的画面，"春运"两个字跳动不已，瞬间成为一个选题点。第二天上午，我检索跟春运相关的信息，寻找选题的切入点，我越看越兴奋，原来2024年是春运70周年，又刷到工人日报社的一组图文报道时，心里一下子有了底。

5月31日中午，在书局升级一新的食堂吃饭，抬头看到前桌和同事吃饭的尹涛总编辑。瞅着空，我坐了过去，我边吃边跟尹总说起把春运开发成选题的想法，尹总感觉不错，让我申报试试。

当天我辗转联系到工人日报社摄影部主任杨登峰老师，听了我的约稿想法，他很感兴趣，三五分钟即敲定合作意向。

选题在一个月内顺利立项。杨老师是个痛快人，选题思路确认后即火速推进。比如当我看中某组网络图片后，丢个链接，他瞬间就能找到当事人，快速发来原图。他那边几乎没有什么棘手的问题需要我来解决。

这或许就是媒体人的做人风度和做事品格。

六

年年春运，岁岁动心。人潮汹涌，总留感慨。

对于春运，我是经历者，更是旁观者。如今能有机会以纸质文本的形式记录它，纪念它，总结它，庆幸不已。

我喜欢我策划的这个选题。

春运路上，过年途中，以及无数个平凡的日夜，作为永远的尘世赶路人，你若有缘翻到这本书，别吝惜你的情感，请让它汹涌起来。

通过《春运（1954-2024）》，让我们共同体会人间生生滋味。

李猛

2024 年 12 月 31 日于中华书局

在路上

或不在路上

都请珍重呀！